中国少数民族人口丛书

土家族

翟振武 主编

覃代伦 / 著

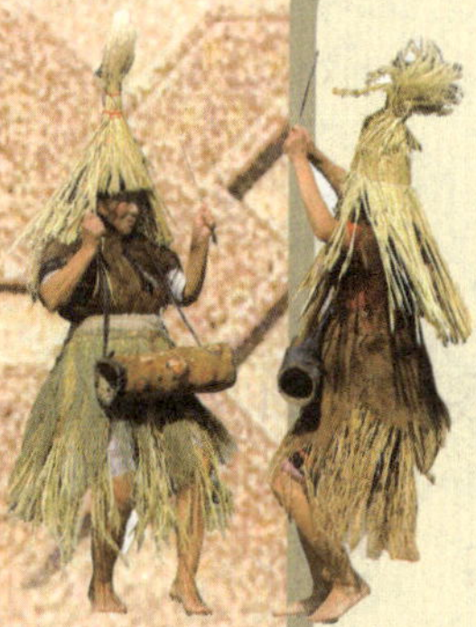

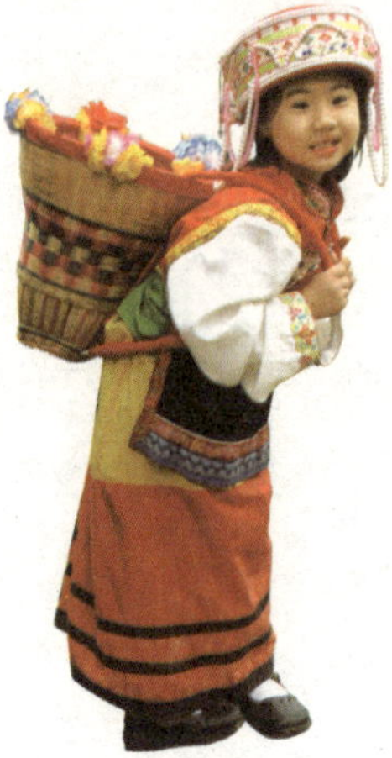

图书在版编目（CIP）数据

土家族/覃代伦著.—北京：中国人口出版社，2014.4（2022.7重印）
（中国少数民族人口丛书）
ISBN 978-7-5101-2206-4

Ⅰ.①土… Ⅱ.①覃… Ⅲ.①土家族—民族文化—中国 Ⅳ.①K287.3

中国版本图书馆CIP数据核字（2013）第302786号

中国少数民族人口丛书　土家族
ZHONGGUO SHAOSHU MINZU RENKOU CONGSHU　TUJIAZU
翟振武　主编　覃代伦　著

责任编辑　曾迎新
美术编辑　刘海刚
责任印制　林　鑫　王艳如
出版发行　中国人口出版社
印　　刷　北京兴星伟业印刷有限公司
开　　本　710毫米×1000毫米　1/16
印　　张　8.75　插1
字　　数　121千字
版　　次　2014年4月第1版
印　　次　2022年7月第2次印刷
书　　号　ISBN 978-7-5101-2206-4
定　　价　38.00元

网　　址　www.rkcbs.com.cn
电子信箱　rkcbs@126.com
总编室电话　(010) 83519392
发行部电话　(010) 83510481
传　　真　(010) 83538190
地　　址　北京市西城区广安门南街80号中加大厦
邮　　编　100054

中国少数民族人口丛书编委会

序

如果把一个民族比作一颗星星，那我们就是生活在一个繁星满天的世界。当今世界上有约 3000 个民族，分布在 200 多个国家和地区，绝大多数国家由多个民族组成。中国也是同样，是由各族人民共同缔造的统一的多民族国家。在漫漫的历史长河中，生活在中华大地上的各族人民密切往来、交流融合、团结奋斗、休戚与共，形成了一个伟大的强盛的中华民族大家庭，共同开发了祖国的美好河山，共同推动了国家的发展和社会的进步。

在中华民族的大家庭中，有 56 个成员，其中有 55 个是少数民族。新中国成立以来，少数民族人口一直持续增长。1953 年第一次全国人口普查时，少数民族人口总数为 3532 万人，占全国总人口的 6.1%。2010 年进行第六次全国人口普查时，少数民族人口总量达到了 1.14 亿，几乎是 1953 年的 3 倍，占到了全国 13.4 亿人口的 8.5%。各少数民族人口数量相差较大，如壮族有 1693 万人，回族 1059 万人，满族 1039 万人，维吾尔族 1007 万人，而赫哲族只有 5354 人，塔塔尔族 3556 人，独龙族 6930 人。中国各民族的人口分布呈现大散居、小聚居、交错杂居的特点。汉族地区有少数民族聚居，少数民族地区也有汉族居住；许多少数民族既有一块或几块聚居区，又散居全国各地。中国少数民族聚居区大都地广人稀，资源富集。少数民族地区的草原面积，森林和水力资源蕴藏量，以及天然气等基础储量，均超过或接近全国的一半。全国 2.2 万多公里陆地边界线中的 1.9 万公里在民族地区。全国的国家级自然保护区面积中民族地区占到 85%以上，是国家的重要生态屏障。中国各民族的起源和经济、社会、文化的发展有着本土性、多元性、多样性的特点，五彩缤纷，丰富多彩。

要全面认识中华民族，就要从认识每一个民族开始。正是从这个理念出发，我们编写了这套《中国少数民族人口》大型系列丛书，力图从历史、文化、经济、社会等各个方面，用准确、科学、生动的语言，全方位描述和展现各少数民族灿烂辉煌的历史和现状，编织出一幅绚丽多彩的中华民族大家庭的“全家福”。

编写这样一套大型系列丛书，难度非同一般。几经论证和深入研讨，最终形成了编写大纲，这套丛书各个分卷的作者绝大多数由少数民族作家担任，他们不仅熟悉自己民族的历史和文化，而且对本民族有深厚的感情。在国家新闻出版总署、国家人口计生委和中国人口出版社的大力支持下，作者们历经数年，几易其稿，终成此书。值此丛书出版之际，我们衷心地祈愿这幅“全家福”能为民族的交流和团结，为中国的文化建设，为整个中华民族的繁荣昌盛，作出一份微薄的贡献。

翟振武

2012 年 5 月于北京

PREFACE

Every nationality sparkles like a star in the firmament. Now we have about 3000 stars distributed across the world in more than 200 countries, most of which are multinational. So is China, which consists of a number of nationalities. For centuries, all the nationalities have lived together, worked together and fought together, making China a prosperous unified multinational country.

Of all the 56 nationalities in China, 55 are minorities whose population has been increasing since the founding of The People's Republic of China. According to the first census in 1953, the minority population was about 35. 32 million, accounting for 6. 1 percent of China's total population. By 2010, the number had almost tripled. According to the sixth census, the population of the minorities amounted to 114 million, making up 8. 5 percent of the 1. 34 billion people in China. The population size of minority groups varies a lot. Some of them have a large population, for example, the Zhuang Nationality has a population of 16. 93 million; the Hui has 10. 59 million people and the Manchu consists of 10. 39 million people. Some of the minorities are quite small, such as the Hezhe, the Tatar and the Drung nationalities, which have populations of 5354, 3556 and 6930, respectively. China's nationalities live together over vast areas with some living in individual, concentrated communities in small areas.

Some minorities'concentrated communities are scattered among the Hans, and some Han people also live in the minority communities. Some minorities may have one or more concentrated communities, while their people spread all over the country. Most minorities'concentrated communities have their people sparsely distributed in large areas with abundant resources. The grassland, forest, water and natural gas reserves in areas inhabited by minority people account for about half of China's total. Further, 19 000 kilometers of the nation's 22 000-kilometer land boundary are in minorities'communities. In addition, 85 percent of the country's state-level natural reserves are in the minority areas, making the people important guardians of China's ecology. Each of the nationalities'origin is unique, and their development of economy, society and culture is full of variety.

Only by learning every aspect of the minorities'lifestyle can we have a comprehensive understanding of the Chinese nation. Under this notion, we write this series of books on the Population of China's Minorities to provide a detailed picture of our Chinese nation, with the glorious past and prosperous present of the country's minorities.

It is through trials and tribulations that we write this spectacular series of books. Most of the authors, who have profound knowledge of the minorities and wrote the books with their strong emotions, are members of minority groups. With the great support of the National Publication Foundation, the National Population and Family Planning Commission and China Population Publishing House, the authors completed the books after years of unremitting endeavor.

On the publication of this series of books, we are looking forward to seeing these books contribute to the unity of the Chinese nation and help our country flourish in the future.

Zhenwu Zhai
Beijing
May 2012

目录

Contents

第一章

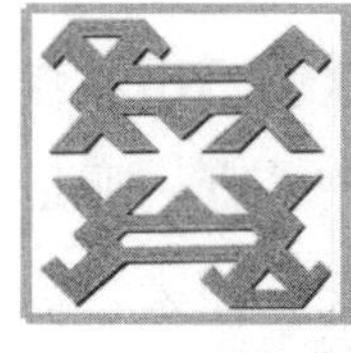

武陵土家人　历史越千年

第一节　西南有巴国

中华民族是多元一体的民族！

中国五十六个民族，都是这个民族中光荣的一员。五十六个民族，五十六枝花，不分大小，无论强弱，平等、团结、共存、共荣，共圆中国梦，共建大中华！

土家族是中华民族的重要的一员，那么土家族从哪里来？土家族到哪里去？土家族的人文初祖又是谁？

土家族主要分布在湘、鄂、渝、黔四省市接壤的武陵山脉高山地带，曾经有一部古老的神话，记录了中国西南部土家族的人文初祖："西南有巴国。太昊生咸鸟，咸鸟生乘厘，乘厘生后照，后照始为巴人。"这部古老的神话就是《山海经》，其中记录的"太昊"，就是传说中的神话人物"伏羲"。而"后照"开始才有"巴人"，按照这个血缘关系推算，巴人就是"伏羲"的曾孙辈了。

巴人从哪里来？可以推断伏羲就是巴人的人文初祖。伏羲与黄帝、蚩尤并列为中华民族三大人文初祖。

巴人到哪里去？西南有巴国，在历史地理中，华夏民族的西南翼，就是巴人开疆拓土的地方。巴人还建立了一个小小的巴国，从夏禹大会万国诸侯始。

巴人又是谁？这不仅仅是复杂的人类学命题，还是一个难解的历史学专题。《山海经》记载，巴人最早居于“丹山西”。这座丹山，就是今陕西商县境内的“丹霞山”。丹霞山以西是陕、甘、宁、青，那是氐羌人的地盘。巴人部落居于“丹山西”，或许，巴人从氐羌而来？曾是氐羌人的支脉？

巴人从哪一年有史记载？应该从夏朝初年可考。夏国开国之君夏禹，是个“三过家门而不入”的治水君王，那时都是小国寡民，因为夏禹是龙头老大，夏禹在浙江绍兴会稽山群英会时，拿着玉帛前往朝贡者居然有“万国”之多！而巴国和蜀国，不过是纳贡万国中的两个小小国。夏禹之子启，曾经派大臣孟涂“司神于巴”，就是担任巴国的大祭司，主管巴人的刑律诉讼。巴人部落纠纷，常有人“执血衣”让孟涂主持公道，看来孟涂就是巴人信赖的“大法官”！

大约在夏末商初，巴人迁徙到今河南商丘一带。此时商朝出现一代明君武丁，他雄才大略，以傅说为相，使商大治。当时商周围羌、鬼方、蜀、巴诸国环伺，卧榻之侧，岂容他人安睡？于是武丁开始对邻国大动刀兵，先后征服羌、鬼方、蜀国。殷墟出土的青铜器，就记载了武丁这些文治武功。圣君武丁有个著名的、好战的老婆妇好，巾帼不让须眉，好大喜功，带领强大的商军攻伐“巴方”，竟然“未克”。武丁颜面尽失，只好御驾亲征，巴人避其锋锐，西渡黄河，退居渭水之南，小小的巴国才得以苟存！

巴国受尽了商王武丁的气，忍气吞声数百年。至商末，商纣无道，酒池肉林，周武王伐纣时，巴人为报失地之前仇，与周武王联合举兵讨伐商纣王。《华阳国志·巴志》如此记载这场战争：“周武王伐纣，

实得巴蜀之师，著乎《尚书》。巴师勇锐，歌舞以凌殷人。”巴人组成的军队唱着歌、跳着舞就击溃了商纣王的军队，报了商武丁与妇好驱伐之前仇，为周武王立下了赫赫战功。战后论功行赏，周武王封巴国为其邦国，并赐巴国国君子爵之位。

那时巴国兵强、马壮、地丰。《华阳国志·巴志》如此记载巴国疆域：“其地东至鱼腹，西至僰道，北接汉中，南接黔涪。……其属有濮、賨、苴、共、奴、獽、夷、蜒之蛮。”这么大一块地盘，山高、林密、鱼肥、稻香、盐丰、物美，从历史地图上看，就在今鄂、渝、黔、湘交界地区，巍巍武陵山区是也！

《左传·庄公十八年》载，春秋之时，楚国日益强大，楚威王派遣庄蹻统兵沿江而上，兵锋所指，已到巴国黔中以西。楚国既然亮了剑，生性勇猛的巴人岂能示弱？公元前688年，楚文王十九年春，巴人伐楚，楚子御之，大败于津。巴国吃了大亏，国运不再，只得从丰都、涪陵、合川一带退缩至阆中，偏安一隅，苟延残喘。关于这次流亡，《十道志》所载甚详：“楚文王灭巴，巴子兄弟五人流入黔中。汉有天下，名曰酉、辰、巫、武、沅等五溪，各为一溪之长，故号‘五溪’。”这里说“楚灭巴”有点夸张，不过是楚打败了巴，巴人又一次选择了流亡之路而已。而“五溪”，就在今天的武陵山区，五溪蛮也由此而来，“楚弱巴”是历史上不争的事实。一只狮子带领一群羊，所有羊都成了狮子；一只羊领导一群狮子，所有狮子都成了羊。巴国无明君，民强又何为？

战国时代，巴国已经弱不禁风了。而此时此刻，秦国利用巴、楚争战，得渔翁之利，在巴国西北方崛起，先后蚕食巴国上庸、巫、黔中等肥美的土地，弱巴能奈强秦何？公元前316年，因为蜀国与苴国打仗，殃及池鱼巴国，弱巴国引狼入室求援于强秦，秦惠王派遣张仪、司马错为大将，轻轻松松先灭了蜀国，张仪大将贪恋巴国的富裕，顺道又灭了巴国，还捉了巴国的国王，然后在巴国、蜀国国土内，“置巴、蜀及汉中郡”。

从给夏禹纳贡算起，打打杀杀，分分合合，到公元前316年秦惠王灭巴，巴国走过了近2000年的生命历程。从此“巴国”不再，“巴郡”横空出世。这就是土家族源，学界主流是“巴人说”。虽还有“赛人说”、“板楯蛮说”、“乌蛮说”、“越濮说”、“古羌说”等，但因系各家探索之言，所以不一一详述了。

第二节　溪州土司八百年

历史是一条永不停息的河流！

巴人，是这条河流中匆匆的泳者！

巴郡，是这条河流中飘零的一叶扁舟！

自秦漂到汉，刘邦征巴人居于商洛之地……

自汉漂到蜀，刘备遣侍中马良慰五溪蛮夷……

自蜀漂到唐，李唐王朝力推羁縻政策……

自唐漂到宋，赵宋王朝重文治，轻武功，蛮酋们乐得逍遥武陵山……

自宋漂到元，土司制横空出世……

土司制始于蒙元时代，中央朝廷在全国少数民族地区广设宣慰司、宣抚司、安抚司、长官司，顾“宣”、“抚”、“安”、“慰”之名，可知王廷以怀柔为首要！

土司制影响了武陵土家人八百余年。湖南湘西永顺彭氏土司，就是中国土司制的“标本”。

对未去过大湘西的人来说，大湘西是个梦！

对去过大湘西的人来说，大湘西是首诗！

而大湘西永顺土司就是这首诗中的一个谜，这首诗中的一朵奇葩！

永顺彭氏土司，追其始祖应在 907 年，其时彭瑊始任溪州刺史，溪州即今永顺老司城所在地。唐天授二年（691 年），此地即设溪州衙署。彭瑊来溪州之前，统治这块地盘的是已世袭 200 余年之久的溪州土著蛮酋吴著冲。彭瑊本是江西人，其父彭辅在朝廷任过紫金光禄大夫，彭瑊任过吉安刺史。唐朝末年，因天下大乱，群雄并起，彭瑊率部转战到湖南西部一带，投奔楚王马殷麾下，被授任溪州刺史。其时，因吴著冲当土酋的名声很坏，彭瑊便使“美男计”，让儿子彭士愁以应招驸马为名，混进了土司王宫，当上了驸马爷。而后，父子再里应外合，将老司城一举拿下，岳父吴著冲负伤逃走，后被彭士愁率部追剿，几番拼杀之后，终将吴部全部剿灭。彭士愁统一了上、中、下溪州，还抱得美人归，朝廷也就给了他上、中、下溪州都督主的封号，送他一个顺水人情。从此，彭氏就开始了对这一方山水土地的统治。

国家一级文物溪州铜柱　（杨兴斌摄）

彭士愁当职不久，溪州与辰州、澧州之间的边界不断发生冲突。他率部进行征伐，在辰州、澧州几番进攻，都未攻进城去。当时掌管湖南一带的是楚王马希范派来的刘勍、廖匡齐，二人增援辰、澧二州。双方几经鏖战，彭士愁终于抵敌不住，率部退回溪州自保。刘勍、廖匡齐趁机挥兵进逼。经过会溪坪及保山寨两次大战，双方都伤亡惨重，廖匡齐在攻寨时被射死，保山寨也最终被攻破。彭士愁最后战败，派人议和愿意臣服投降，条件是保留溪州刺史职位。楚王答允了他的要求，双方遂罢兵休战，并结盟起誓，立铜碑为记。此碑就是溪州铜柱，至今仍完好地保存于永顺芙蓉镇博物馆，为国家一级文物。

溪州立盟之后，彭氏土司的政权就渐渐巩固了。彭士愁在司位时，又将其领地永顺分封给了长子彭师裕、保靖封地分给了次子彭师暠。彭士愁去世后，其后的司位继承者在历史上也建有许多功业。

第一类是开疆拓土，治理土司有功者。第十二任土司主彭福石冲，南宋绍兴五年（1135 年）袭司职。他在位期间，撤掉了会溪坪治所和龙潭城，重新修建了老司城，彭福石冲任职达 58 年，老百姓称他为彭士愁之后的开明土皇帝；彭泓海，第三十四任土司主，康熙三十四年（1695 年）袭司职。他在位 16 年，授总兵衔。因为他在位时治理有方，广受百姓好评，致仕后土人为他立“德政碑”，歌颂他保境安民的德政。

第二类是服从朝廷征调并立下战功者。彭显英，第二十一任土司主，明英宗天顺六年（1462 年）袭司职，在任 29 年，应朝廷征战有功，进散官一阶。他修建的永顺猛洞别墅，为土司时期的建筑杰作；彭世麒，第二十二任土司主，明孝宗弘治五年（1492 年）袭职，在任 15 年，应征战功进阶昭勇将军，还获赐红织金麒麟官服；彭世麟，第二十三任土司主，明正德二年（1507 年）袭司职，在任 4 年，有智有谋，多次应征，立战功进阶昭武将军；彭明辅，第二十四任土司主，明正德五年（1510 年）袭职，在任 19 年，曾多次服从朝廷征调有功授奖，加升正二品骠骑大将军；彭宗舜，第二十六任土司主，明嘉靖六

年（1527年）袭司职，在任17年，多次应诏征战有功，进阶授昭勇将军；彭翼南，第二十七任土司主，明嘉靖三十三年（1554年）袭司职，在任13年，征战倭寇，授昭毅将军，誉“东南战功第一”，为后人所敬仰，至今永顺县还保留有他的塑像；彭元锦，第二十九任土司主，明万历十五年（1587年）袭司职，在任45年，曾因战功授湖广都司督指挥使，进阶骠骑将军；彭廷春，第三十三任土司主，康熙十一年（1673年）袭侄子职，在位22年，随朝廷征战有功，受到奖封。

第三类是归附朝廷受封者。彭思万，第十四任土司主，元世祖至元十六年（1279年）袭司职，1262年归顺于元，赐印章，授武德将军；彭泓澍，第三十任土司主，清太宗天聪八年（1632年）袭职，在位29年，因归服朝廷有功，领顺字号永顺等处军民宣慰使司印一颗，赐正一品冠服。

第四类是给朝廷进贡受封赐者。第二十四任土司主彭明辅，一年献大楠木470余根，被明廷用来修故宫和十三陵，后被加都指挥使，赐蟒衣。第二十七任土司主彭翼南，以献大楠木功，被授云南布政使司右布政使，赐三品服。

第五类是对朝廷有其他特殊贡献者。如第二十八任土司主彭永年，明隆庆三年（1569年）袭司职。因服征调及擒贾邦奇党羽有功，奉敕进骠骑将军，特加正一品服色；第三十五任土司主彭肇槐，康熙五十一年（1712年）袭司职，在位15年后，因愿改土归流，受封参将，赐托沙喇哈番之职，回江西原籍。

永顺土司从第一代土司主彭瑊公元907年授任开始，到末代土司主彭肇槐1728年改土归流离开溪州时结束，其间共传土司二十八代，三十五次，历经元、明、清三朝，时间长达821年，堪称中国历史中的异数。

永顺土司世代沿袭了八百余年，在其治下的社会生态也一直比较稳定平和，古溪州曾成为湘、鄂、川、黔边的政治、经济、文化、军事中心。最繁荣时，这里曾有过“城内三千户，管辖百万家”的盛世局面。而“红灯万盏人千叠，一片缠绵摆手歌”，就是当时老司城的真实写照。

第三节　清廷国策改土归流

土司制历经八百余年，杀人不请旨，见死不丁忧，以土制土，显然已走向穷途末路！

清雍正四年，云南巡抚兼总督鄂尔泰就云、贵土司的治理问题，第一个向朝廷奏议改土归流：“云、贵大患，无如苗、蛮，欲安民，必先制夷，欲制夷，必改土归流。……若东川、乌蒙、镇雄改隶云南，俾臣得相机改流，可设三府一镇，永靖边氛。……其改流之法：计擒为上，兵剿次之；令其自首为上，勒献次之。惟制夷必先练兵，练兵必先选将，诚能赏罚严明，将士用命，先治内，后攘外，必能所向奏效，实云、贵边防百世之利。”（魏源《圣武记·雍正西南夷改流记》卷七）雍正帝见此奏议，深以为然，乃下诏允准在各地实行改土归流，始为清廷国策。

凡自愿接受“改土”的土司，朝廷多予以奖赏，重新安置。较早响应纳土的永顺土司彭肇槐，就接受了朝廷封赏的参将之职。张家界“茅冈司在慈利县境……雍正十二年（1734 年），茅冈土司覃纯一纳土。天平、麻寮二所相继请设流官，给纯一等把总职，世袭”。（清·曾国荃等撰《光绪湖南通志》卷八十五）像覃纯一这样的土司，又改封为“把总世袭”，就等于换汤没换药的游戏了。

对于那些有仇杀内乱的土司，朝廷则治其罪。张家界“桑植宣慰

司……长庚子向国栋残虐，与容美、永顺、茅冈各土司相仇杀，民不堪命。雍正四年（1726 年）土经历唐宗圣与国栋弟国柄等率赴愬，总督傅敏入奏，乃缴追印篆，国栋安置河南，以其地置桑植县”。湘西保靖土司内乱不已，朝廷也宣布将其土司主彭御彬强行流放到辽阳安置，其地亦被改土归流。

对于那些不愿接受改土，有抵触反抗情绪的土司王们，朝廷则缓而图之。史载对实力强大的容美土司的改土归流，其历程就经过了许多波折。先是湖广总督迈柱多次向皇上密奏，建议对容美土司改流“似宜从缓，俟将桑、保、永顺三处，设官分汛，布置委妥”后，再从容图之。皇上朱批：“尔从缓之见是。”这样，容美土司的改土归流延缓了数年。当朝廷完成对周边各土司的改流之后，即采取恩威并用的手段，一面布兵进逼，一面派人晓谕，要容美土司田旻如进京晋见皇上。同时，湖北按察使王柔、湖北巡抚马会伯、四川总督黄廷桂等大臣亦多次上奏，密报田旻如种种“不轨叛逆”行径，雍正帝见此奏章，更加生疑。

田旻如见清兵入境相逼，乃执笔给皇上写了一份奏折，内云：“臣祖父三代，所属一品之爵禄，赐冠锡，不必遇论。即臣十一年来受皇上破格重恩，且累年来，人人参奏，皇上事事矜全，非但不罪，且叨寇渥，皇上何负于臣，而臣为此逆天悖理之事。今急迫无门，四路大兵塞经，必欲激动土蛮，以实臣悖逆之罪，不但事出万难，且令臣瞻天无日，为此急切上陈，恳求皇上天恩，全臣微躯。倘一时土民无知，现今惊惶朝日，风鹤皆恐，臣虽百计安辑，而其民情终属狐疑，或于边方大路小径中，有一伤官兵汉民之处，则臣罪万死莫赎矣。为此急切旨罪待命之至，谨具奏以闻。”田旻如之意是想请求再予宽限，实行缓兵之计也。

但雍正帝接奏后，亲自朱批曰：“汝自侍卫圣祖，教养作成，高厚深恩，且不必多论。……汝但速听总督差送来京，则诸事皆虚后，不辩自明。朕自有一番办理。倘若怀疑观望，推诿迟挨，纵情本可原，而亦成迹似顽抗。督抚职任封疆，倘以不敢为汝玩法奏请，则朕难于区处矣。至于汝来京，离容美地方后，倘或土民若有蠢动不法之举，则罪不在汝，必保汝之身命也。详细熟思之。”雍正帝不接招，奈何？

田旻如读了这道圣谕，知道这是皇上的最后通牒。若再推诿不去，势必落个抗旨之罪。若遵旨去京，他又觉得不甘心。难道数百年世袭土司江山，就在他手中断送？若要反抗，又恐众寡悬殊，难抵清剿。思来想去，他还是拿不定主意。于是又召集众头目相商。这些头目大都害怕失去官职利益，特别是其弟田畅如、田琰如、千总向日芳及其子田祚南等，都主张软拖硬抗，欲和清军决一雌雄。田旻如受众亲信怂恿，躲在万全峒内，策划凭险抵抗。

如此又过月余，在外围把守万全洞险关的石梁司长官张彤柱，忽然于雍正十一年十一月初三日发动叛乱，将司署内留守的田畅如、田琰如、向日芳、刘昌等头目全部捉拿软禁。接着，张彤柱率部将万全洞包围，然后派兵勇押着田旻如之妻和母亲下峒，劝令田旻如出峒赴京，将宣慰司印交给次子田祚南承袭。田旻如见民心生变，大势已去，被迫出峒交了司印，当日他被软禁在田畅如家，是夜自用一段白绫上吊自缢。这是改土归流进程中稍动刀枪、唯一死

容美宣慰司元帅府经历司印　（王晓宁摄）

人的个案。

数日后，清军来到中府，张彤柱将司印拱手呈缴。不久，朝廷按皇上特批，将田旻如之亲眷及其弟田畅如、田琰如押解到陕西。向日芳、田安南等头目分别押解到广东边远地方。唯张彤柱投顺清廷有功，被蒙皇恩赏给千总职衔，支取俸薪。其余土司兵丁均予解散。容美土司所治地方，则改设为鹤峰州治所。湘、鄂两省有名的永、保、桑、容四大土司，至此就都改土归流了。其后，施南宣抚司覃氏、散毛宣抚司覃氏、忠建宣慰司田氏、沙溪宣慰司黄氏、唐崖长官司覃氏、镇南长官司覃氏、川东酉阳宣慰司冉氏、贵州思南宣慰司田氏、思州宣慰司田氏，也大都在雍正十一年至十三年中被改土归流。唯有四川石柱土司，因蒙祖上保朝廷有功，被延缓到乾隆二十六年（1761 年），才改土司为流官。

改土归流后土家人所在的武陵山区由朝廷派流官直接统治。原有的土司辖地，按地域大小，有的设了州，有的设了府，有的设了县。永顺土司辖地改设为永顺府，容美土司辖地改设为鹤峰州，施南宣抚司辖地置利川县，不一一详述。这种州、府、县的行政管辖模式，一直延续到辛亥革命推翻清朝帝制时才告结束。

第四节　土家从“人”到“族”的见证者

历史不能割断，土家人从大清雍正王朝改土归流一路走过，走进新中国，走向新时代。

历史不能忘记，在新中国的元年，“土家”还是“人”，而不是“族”。土家为了从“人”到“族”，历千难，经万险，千辛万苦，谁与言说？

历史首先会记住土家女版的“普罗米修斯”——田心桃，一位生于湖南省永顺县大坝乡溶里村的土家人，至今健在的河南师范大学的退休教授。

田心桃自幼在土家山寨长大，祖母教会了她上山砍柴、挖葛、挖蕨、扯猪草、采香菇；堂祖父领她上山赶过野猪，打过麂子，查过虎迹；母亲教会了她土家语，教会了她自织西兰卡普；父亲又教会了她说汉语，写汉字。1949 年，田心桃作为永顺县郡联立中学一名年轻教员，在欢迎挺进湘西剿匪大军的队伍中，认识了一四一师政治部主任李忱，从此踏上了确认单一民族的漫漫长路。

1950 年 9 月 15 日，湘西行署发给田心桃一个“苗族代表证”，请她列席中南区军政委员会第二次会议。因为组织上认为她的外祖母是“苗族人”，那就先以“苗族”代表身份参加会议。

但田心桃潜意识深处，并不认为自己是“伯卡”（苗族），也不是“帕卡”（汉族），而是“毕兹卡”（土家人自称）。

1950 年 9 月 28 日，国庆一周年前夕，田心桃随中南区晋京观礼团到达北京前门火车站，受到中央人民政府秘书长林伯渠和中央统战部长李维汉的迎接。20 岁的山里姑娘马上要见到日思夜想的毛主席，心中的激动无以言说！

1950 年 9 月 29 日，田心桃接到一张牛皮纸信封的请柬。封面上是行楷书写的“田心桃代表”，落款是“政务院总理周恩来”。应共和国总理的邀请，田心桃代表在下午 6 时走进了北京饭店宴会厅。中南区观礼团潘琪团长这样向周总理介绍排队等候握手的田心桃：“这是田心桃代表，外祖母是苗族，祖父母是土家，她讲的土家语和其他民族不同。”周总理剑眉一竖说：“啊？欢迎你，小田姑娘。”那天周总理主持的国宴，田心桃代表有幸与林伯渠秘书长和蔡廷锴将军同席，席间她第一次向中央领导说她是“毕兹卡”，不是“帕卡”。

1950 年 9 月 30 日，田心桃又接到一张最有纪念意义的请柬，封面

上是行草书写的“田心桃先生”，落款是“中央人民政府主席毛泽东”11个金字。仍然在北京饭店大宴会厅，毛泽东主席和刘少奇、朱德、宋庆龄、张澜、李济深五位副主席站成一排接见代表们，毛主席站在正中间。这次接见仍然由潘琪团长向毛主席介绍中南区观礼代表：“这是田心桃代表，外祖母是苗族，祖父母是‘土家’，她讲的土家语与其他民族都不一样。”握过毛主席宽厚温和大手的田心桃代表60年后还记得毛主席那时阳光般灿烂的笑容，还有欢声笑语声潮中毛主席的“最高指示”：“好，请告李维汉。”李维汉时任中央民委主任，乌兰夫时任副主任。也就是在这国庆一周年前夜的国宴上，20岁的土家女儿田心桃忙着请宋庆龄、董必武、郭沫若、罗荣桓、聂荣臻等人签名留念，同时也请了全国政协委员潘光旦教授签名留念。历史风云，际会一瞬，田心桃和潘光旦代表当时都没意识到，这是土家从“人”到“族”历史上最值得纪念的一次会面，也是最值得珍藏的一次签名！

1950年10月3日晚，中国各民族158位代表在中南海怀仁堂给党中央、毛主席献旗、献礼、献演、致敬！西康藏族代表敬献鹿角一对，中南侗族代表敬献虎皮一张，你想知道中南区田心桃代表献给党中央、毛主席什么最珍贵的礼物？一幅绣有“满天星”的西兰卡普，一包武陵山里自采的香菇。唉，山一样实在的土家人，水一样纯洁的土家女儿！

1950年10月14日，中央民族事务委员会委派民族学家、人类学家、语言学家杨成志教授专访田心桃，并用录音机录下田心桃对人名、地名、动物名、植物名、家属名、日用品名和身体器官的发音。治学极为严谨的杨成志教授当时没有表态，田心桃心里忐忑不已！

1950年10月20日，政务院交给各族代表一份中央文件，让各族代表翻译成本民族的语言，田心桃用土家语逐字逐句进行了直译。主持翻译录音的中国科学院语言研究所所长罗常培教授说："田代表，你发音准确清晰。综合起来看，土家语是一门独立语言，应属于藏缅语族。"田心桃闻言大喜，因为根据斯大林对"民族"的定义，"独立语言"是确认一个民族的四大要素之一啊！

雄关漫道真如铁，田心桃代表向毛主席、周总理的进谏，只是一个单一民族认证迈出的第一步，当然，也是最最关键、最最艰难的一步。因为新中国甫立，有60多个"人"或"族"排队等待中央人民政府确认。

1953年9月，田心桃终于等来了中央民委派来的以汪明瑀教授为组长的"湖南土家调查组"。汪明瑀教授告诉田心桃："党中央派我们去你家乡调查土家，请你当向导一起去。土家的历史部分，全国政协民族工作组组长潘光旦教授正在研究中，请你再提供史料。严学窘教授给你录的土家语，上报中央的材料已转到中央民族学院研究部，中央请语言学教授王静如研究。"汪教授在调查永顺、龙山、保靖3个乡、24个自然村后，向中央呈送了1.2万字的《湘西土家概况》调研报告。

汪明瑀教授向田心桃提及研究历史的潘光旦教授，是清华大学百年校史上公认的"四大哲人"之一（叶企孙、潘光旦、陈寅恪、梅贻琦）。他曾任抗战时的西南联大教务长，与清华名校长梅贻琦和北京大学名校长胡适私交甚厚。梅校长评价潘光旦教授是"温、良、恭、俭、让诸多美德于一身的一条硬汉"。潘光旦教授在教育界和民族学界是有"学术骨气的硬汉"，他的名言数十年来在学界如雷贯耳："不向古人五体投地，也不受潮流的颐指气使，我只知道择善而从，择不善而改。"即使在"文化大革命"中受了不公平待遇，他也这么说："如果一个人老是停留在怨天尤人的境地，缺乏作为战士的奉献精神，那么，这样的人是不配成为真学者的！"

1953 年 5 月 20 日，全国政协委员潘光旦教授和全国人大代表、北京大学向达教授受中央民委的委托，开始了湘西北“土家人”的发现之旅。那时的湘西北“天无三日晴，地无三尺平，山外还有山，云外还有云”，没通车的地方他们就坐船，没船坐的地方就抬滑竿，连滑竿也不能抬的地方就靠人背手拽，特别让土家人感动的是，潘光旦教授以超人的毅力拄着拐杖，一寸又一寸地丈量湘西北的土地！特别让土家人感恩的是，近视高达 1000 度的潘光旦教授，几乎是一路“闻”着县志发现“土家人”的。

1953 年 12 月，为了他的学术研究经得起时间的检验、历史的检验，潘光旦又拄着拐杖调研了湖北来凤县、鹤峰县、恩施县，以及四川彭水县、酉阳县和秀山县。这两次田野调查历时 65 天，走了 18 个县市，行程数千公里，积累了数万张卡片。从 1953 年 5 月～1955 年 6 月，潘光旦教授征引了史籍 50 部，地方志 52 部，野史杂记 30 部，经、史、子、集 55 部。

在土家发展史上，潘光旦一部 13 万字的《湘西北的“土家”与古代的巴人》，从夏帝启二年使孟涂如巴莅讼始，证明“土家”不是“瑶”，土家不是“苗”，土家不是“獠”，“土家”是巴人的后裔，是单一民族，凡六十余年，无出其右也！

在土家田野调查史上，潘光旦一篇仅有 1.9 万字的《访问湘西北“土家”报告》，把田野调查的缘起、目的、行程、访问形式、访问方法、访问所得和地方领导看法、个人学术意见说得清清楚楚，明明白白，凡六十余年，亦无人出其右也！

在土家区域自治史上，向达、潘光旦一篇仅仅 9600 字的《湘西北、鄂西南、川东南的一个兄弟民族——土家》，把土家自治区名称问题、宣传教育问题、区域自治问题剖析得条条缕缕，透透彻彻，凡六十余年，还是无人越此峰也！

1956年5月，刘少奇、邓小平批示尽快解决“土家”问题，中央派出了以中央民委副主任谢鹤筹为组长，罗炳正为秘书的五人调查小组，历时三个月，再次深入永顺县、龙山县、保靖县土家人聚居区调查识别。时任湖南省委书记周小舟听完汇报后，终于表态：“同意中央调查组的结论，确认‘土家’为单一的少数民族，上报中央。”

1956年11月29日，在湖南省委的督办下，中共湘西苗族自治州委写出《关于请示批准土家为一个单一民族的报告》。中共湖南省委在12月8日上报中央！

1957年1月3日，中央统战部代表中共中央发出电报，正式确认“土家”为单一的少数民族。

第五节　武陵遗珍——让历史照亮现实

我们已经理清了土家族历史发展的脉络，我们再用武陵遗珍来佐证武陵土家人的历史和文明吧！

武陵山——这一大片中国土家族文化的厚土，在这片神奇、肥美、原生态的土地上，星星点灯，散落着许许多多土家“文明的碎片”。这些国宝级或者省宝级的文物，烛照历史，它们珍藏的是土家民族的记忆。让我们像考古学家一样，来一次武陵山考古之旅吧！

清江，是土家人的母亲河，有文字记载的土家先祖廪君，就曾“浮于清江而不沉”。从考古发掘的文物看，也佐证了这一历史论断。在清江流域的恩施市水布垭，曾经出土陶釜三件，骨雕一件，陶豆一件，石斧一件（现藏恩施土家族苗族自治州博物馆），均是远古巴人的生产、生活工具，经碳－14标记化合物测定，其年代在商代。这些文物证明，远在商代，土家先祖就掌握了制陶技术，就是清江流域的原

住民！

在早期“巴文化遗址”，如1980年在湖南张家界市古人堤遗址出土有许多石器，其中砍削石器和打击石器较多，多为自然取材，少有磨制痕迹，应为早期巴人渔猎工具。其中蚌壳形石片，可能用于宰割皮毛兽肉，或者刮削鱼鳞。从茹毛饮血到打磨石器，这是土家远祖生产生活方式的一大进步。

自商而降，周王分封，周礼盛行，甬钟作为西周青铜乐器之一，也在重庆黔江土家族居住区有所发掘。现藏于重庆黔江区文管所的西周甬钟主要有两口：一口出土于黔江西城；一口征集于黔江民间。甬钟青铜材质，重12公斤，高32.5厘米，甬钟体一次铸成，无合范痕迹，纹饰精美，说明远在西周时代，土家先民巴人就掌握了青铜冶炼技术，换言之，汉地的青铜冶炼技术也流传到巴人居住地。现藏湖北恩施州博物馆的巴氏甬钟和四把巴氏柳叶形铜剑，也可以佐证这一论断，烛照这一段回不去的历史！

春秋战国，群雄并起，武陵山区，也遗宝无数。虎钮錞于，是武陵山区富集的春秋、战国时期的国宝级文物。因为“錞于”是春秋、战国时的一种军乐器，顶上铸虎钮，故名“虎钮錞于”。因巴人以“虎”为图腾，所以巴人制作之錞于皆有虎钮。现藏重庆市黔江区文管所的“虎钮錞于”，1956年征集于黔江正谊乡白泉村（今寨子乡大路村），青铜制，重12.5公斤，高53厘米，腹围101厘米，国家一级文物。现藏于湖南湘西土家族苗族自治州博物馆的“战国渔船人头纹虎钮錞于”，出土于湖南省龙山县招头寨，青铜制，高54厘米，重12.5公斤，国家一级文物，堪称湘西州博物馆的镇馆之宝。现藏于湖北恩施土家族苗族州博物馆虎钮錞于有二：一为双虎钮錞于，二为单虎钮錞于，均为国家一级文物，恩施州博物馆镇馆之宝。

1977年出土的双虎钮錞于盘上双虎栩栩如生　（王晓宁摄）

1979年，在湖南张家界市慈利县蒋家坪乡长见村出土虎钮錞于一件，青铜材质，高52厘米，重8.5公斤。1981年10月10日，在湖南大庸县兴隆公社又出土一件虎钮錞于，高54厘米，上围径102厘米，下围径66厘米，重16.3公斤。两件虎钮錞于都被定为国家一级文物，说明史载“巴师勇锐，歌舞以凌”所言不虚。土家先民组成的军队，是浪漫又善战的军队。

重庆市黔江区文管所镇馆之宝，另有“曾侯乙镈”。曾侯乙镈，乃战国时代楚国属下曾侯乙遗物，1951年征集于重庆市酉阳县龙潭乡王勃山家。曾侯乙镈系青铜制品，通高38厘米，颈端有悬纽，甬首为蝉纹，铭文30字，器形完整无损，纹饰朴拙，国家一级文物。巴人编钟，春秋战国时期的宫廷乐器，重庆黔江区文管所藏有濯西乡杨家湾出土编钟两个，彭水县猴栗乡富山村一农民捐赠编钟一个，青铜制作，音色优美，纹饰精细，国家一级文物。除宫廷乐器编钟外，黔江区文管所另藏“铜钲”两个：一个为“蚕纹铜钲”，一个为“变形鱼纹铜钲”。“铜钲”又名“丁宁”，也是春秋战国时期的军乐器，可与“錞于”配合指挥作战，鼓舞巴人军队之士气。湘西州博物馆藏战国几何纹宽格短铜剑，出土于湖南省保靖县四方城，长34.3厘米，重3公斤，是典型的巴人作战利器。恩施土家族苗族自治州博物馆藏战国巴式铜器更为丰富，不仅有战国铜戈、铜钺、铜斤，还有战国铜壶、铜

钲和铜钟，器形完整，纹饰清晰，是研究春秋、战国时代巴人历史的重要文物！

自秦而降，汉武帝建涪陵县，汉官、汉人随入黔江一带，与土著巴人杂处，遗存汉墓无数。今重庆石柱土家族自治县发现西汉汉墓群，共有 5 处，17 座，出土钱币数百枚，汉画像砖数千，真实记录了秦汉时代土家先民的生产生活。今重庆彭水苗族土家族自治县郁山镇，郁江东岸台地上现存数座汉墓遗址，出土大量汉砖，其几何纹线条简洁，砖上偶刻汉隶，记录葬俗。特别是重庆黔江区九龙乡汉墓，气势恢宏，墓型类似城堡，因而被称为“皇城堡”。其中文物虽被盗掘一空，墓主人待考，但东汉建安年间（201 年）所署黔江县之葬仪仍可窥一斑！

湖南张家界市一带汉时属武陵蛮、溇中蛮地盘，20 世纪 80 年代，吉首大学张家界校区基建时，出土一件汉代青铜俑，高 16.6 厘米，宽 9.6 厘米，重 1.4 公斤。铜俑头顶饰一根空心柱，发髻似帽，面部呈椭圆形，宽额，双耳肥大，右耳有一穿孔。双眼细长，平视，鼻高，嘴小，双臂纤细，胸前有佩带，带上饰有人文字纹。双乳外凸，腰粗壮，佩刀，双膝跪地，对研究汉代军俑服饰意义重大。在张家界市城建改造之时，环城西路曾出土东汉青铜镜一面，直径 22 厘米，厚 2 厘米，半球形圆纽，铭文 56 字：“张氏作镜大无伤，长保二亲乐未央，八子九孙居高堂，左龙右虎主四方。朱雀玄武仙人羊，为吏宜官至侯王。上有辟邪去不阳，从今张氏永世昌。”此铜镜应是汉代武陵蛮豪酋之遗物，记录了他们的家族生活现状。

汉代文物馆藏之丰厚，当数湖北恩施土家族苗族自治州博物馆了。恩施州汉时为“武陵郡”、“南郡”，三国时为吴国之“建平郡”，在那片土地上休养生息的先民则为“武陵蛮”。恩施州出土的东汉铜釜，可以确认系武陵蛮贵族炊器；东汉铜簋，系武陵蛮贵族食器；东汉小口铜壶，系武陵蛮贵族饮器；东汉铜洗，系武陵蛮贵族礼器。特别是出土的一块东汉玉玦，和田玉质，沁色自然，玉色温润，造型生动，相当珍贵。此玉玦打磨制作似不在当地完成，疑从中原汉人王侯馈赠武陵蛮贵族而至，或从商贾而来，今已无考。但是，这无疑是中原和田玉文化在土家居住区流行的一个首例。

唐代文物之杰作，当数重庆市黔江区文管所藏之“唐钟”了。所谓“唐钟”，顾名思义就是“唐代铜钟”，原存于黔江区郁江镇开元寺，系黔州都督赵国珍铸造。此唐钟高143厘米，钟口围240厘米，口径78厘米，重约400公斤，堪称巨制。钟顶为双龙蒲牢，镌刻“大吉大利”字样。钟体遍布“玉版纹”，钟腰铸“月形图”，钟腹镌刻“金紫光禄大夫工部尚书兼黔州府都督御史大夫持节充本道观察处置选补等使汧国公赵国珎（珍）”。此唐钟品相完好，器形硕大，工艺精湛，是研究大唐帝国土家族地区青铜冶炼技术与工艺美术极为珍贵的精品实物，国家一级文物，土家地区现存于世的名实相符的大国宝！

湖南张家界市一带唐朝时受溪州、澧州辖制，1972年8月，在大庸县（今永定区）天门山寺旧址，出土一柄唐代铜剑，长80厘米，重4公斤，剑身两侧各嵌七星，龙首为镂空铸造，口含宝剑，气势如虹。剑柄刻有“天门山玄帝祖”字样，系建天门寺奠基文物。此唐剑被鉴定为国家一级文物，说明道教在唐代就在张家界一带土家先民中流行。比较有趣的是，在天门山寺另出土观音铜像两座，均高25.5厘米，一座重1.45公斤，一座重1.25公斤。二座观音铜像内空，疑为装脏之用，观音均盘腿坐于莲花宝座之上，右手持净瓶，左手持念珠，仪态极为慈祥。同步出土释迦牟尼铜像两座，均为中空，一座高26厘米，重1.55公斤；一座高23厘米，重1.35公斤，佛像造型有点肥硕，慈眉善目，凸显唐人“以胖为美”之审美观。需要特别说明的是：镇寺之宝却是“天门山玄帝祖”铜剑，道教之法器；而出土的释迦牟尼铜

像与观音铜像，又是佛教之偶像，而且在同一时间1972年8月，同一地点天门山旧址出土，这表明张家界市一带土家先民们，在唐朝时的信仰至少是佛道杂糅的！

后至五代乱世，十国兴替。土家先民最有史料价值的现存文物，就是国家一级文物“溪州铜柱”了。此碑为永顺土司彭士愁与楚王结盟所立，原立于湖南永顺县酉水河岸野鸡坨下，1971年因建凤滩水库整体迁移到永顺县王村（今芙蓉镇）花果山上。溪州铜柱重2500公斤，高400厘米，直径39厘米，八面，棱形，中空。铭文《溪州铜柱记》共有2118字，用小楷书书写，虽经千年，岁月磨饰，仍清晰可辨，其历史文献价值，不逊于西藏拉萨大昭寺记录大唐与吐蕃交往史的“甥舅会盟碑”，是稀世国宝中的国宝！

宋朝继承唐朝羁縻政策，重文轻武，大授土酋蛮帅官帽，土酋自得其乐，不思进取，因而文物乏善可陈。在今湖南张家界市永定区沙堤乡贯坪村出土的“黄金飞龙”，长6.8厘米，宽3.4厘米，重14.1克，黄金制品，飞龙造型栩栩如生，打制精细，经鉴定为北宋之文物。1981年秋，在今张家界国家森林公园迎宾岩下出土一个陶坛，高28厘米，口径7.5厘米，底径9.5厘米，最上层花纹圈，一边塑青龙，一边塑白虎，都有穿眼，应为提耳之用。中层及下层花纹圈上塑12个人物像，或敲锣击鼓，或吹笛弹琴，或唱歌跳舞，或携儿带女，或打鱼捉虾，或挥镰收割，构思奇巧，形态各异，富有生活情趣。经湖南省文管所鉴定，此陶坛系宋代之物，对研究宋代土家人的生产生活形态意义重大，可资物证！

元朝土司制已具雏形。贵州省铜仁地区思南府文庙，就是最早的土司衙署之一。思南府文庙位于思南县城东北隅，坐西向东，府志记载为思南宣慰司使田氏住宅，史建于元代，粗具规模。至明清不断修缮扩修，始有今日思南府文庙之貌。文庙前有乌江潺潺而过，后有五老峰俯瞰，总面积6000平方米，整个建筑群包含有大成殿、大成门、左右庑、崇圣祠、追封殿等五大主体建筑，并由天子台、棂星门、泮池、屏风、礼门、义路、山墙等附属建筑围成一个封闭的建筑群，是土家地区始建最早、占地面积最大、建筑面积最多、保存最完整的文庙，20世纪80年代，就被列为贵州省重点文物保护单位，堪称土家族府庙建筑文化的活化石！

自元而降，有明一朝，土司制度畸形繁荣，文物古迹也层出不穷，满目琳琅。先看贵州铜仁地区所存明朝文物。贵州省德江县“黔中砥柱”摩崖石刻，位于德江县潮砥镇南一公里乌江岸一巨石上。该摩崖石刻由广东布政使田秋书刻于明嘉靖三年（1524年），上款“甲申岁孟春月吉旦”，下款“西麓田秋题”，“黔中砥柱”四字系楷书，阴刻，横题，笔力遒劲，中规中矩，气吞山河，是贵州省文物保护单位，土家地区现存的书法文物精品。贵州省印江土家族苗族自治县“敕赐碑”，全称“印江梵净山重建金顶序碑”，位于印江土家族自治县永久乡大园子村。该碑由明户部郎中李芝彦撰文，胡贵、僧真香镌刻于明万历四十年（1618年），凡述梵净山历史、物产和佛教之兴替，共计1349字。碑体背北面南，通高290厘米，碑心石高185厘米，两侧为双鼓形石柱。正中浮雕“敕赐”两个大字，周围饰以九龙祥云拱护，书体则为明朝最为流行的“馆阁体”，1982年2月23日被定为贵州省文物保护单位，是研究梵净山佛教发展史和明代书法艺术不可多得的实物精品。因为黔中各郡邑，独美于铜仁！

再看重庆黔江区所存明朝土家族文物。藏于黔江区文管所的白氏墓志碑是研究土司家族史、制度史和战争史不可多得的文物精品。该碑刻制于明崇祯五年（1632年），由黔江知县戴可彦撰写碑文。墓主白氏，酉阳司大江里人（今后溪），白玉槐之长女，生于明万历十五年（1587年），美貌逼人，英气感人，她应明廷之召，与著名女将秦良

玉率土兵驰援辽阳，平奢乱，阻清军，屡立战功，不让须眉。白氏夫人卒于明崇祯四年(1631年)，冉跃龙土司王为纪其战功，特立此碑。

再看湖南张家界市和湘西土家族苗族自治州所存明朝土家族文物。明朝时今张家界市和湘西州为永顺司、保靖司和桑植司等司所辖制。张家界市永定区文管所，现藏有明代宣德香炉两个：一为狮纽宣德炉，高7.5厘米，底镌“大明宣德年制”，炉体呈椭圆形，上塑狮纽一对，工艺精细。二为兽耳宣德炉，高9.2厘米，底镌“大明宣德五年监督工部官臣吴邦佐造”，炉体呈圆形，上塑弦月状兽耳一对。经鉴定铸造于1426年左右，被定级为国家一级文物。二龙戏珠玉花插，张家界市慈利县出土，高15.2厘米，通体以云纹为衬底，以二龙戏珠为造型，确为明代饰品风格，也被定级为国家一级文物。现藏湘西州博物馆的“镂空蝴蝶纹头金发簪”，出土于永顺县老司城，重28.2克，尽管宝石残失，插尖残断，但三层镂空工艺超前，蝴蝶纹又细腻精致，是永顺彭氏土司造办作坊的杰作，毫无疑问为彭氏土司俘获夫人芳心之物，已被定为国家二级文物，充分反映了明朝永顺土司的工艺制作水平！

镂空蝴蝶纹头金发簪

(滕喻华供图)

后看湖北恩施土家族苗族自治州藏明朝土家文物。恩施州明朝为施州卫军民指挥使司所辖，设有1个容美宣慰司，施南、散毛、忠建3个宣抚司，9个安抚司，13个长官司，5个蛮夷长官司。因大小土司众多，因而文物品种也十分繁复。最有代表性文物可分为三大类：一类为土司夫人金凤冠组件，黄金材质，金凤展翅其上，红蓝宝石闪耀其间，中间还有金佛座像，莲花蚨座庄严，金鱼坠饰生动，工艺制作之精美，让人想起定陵出土的皇后金冠！二类为土司王器。土司铁盔，征伐之用，战争必备。土司铜钟，青铜制，云雷纹，兽纽，钟体铭文记土司之伟业，礼乐之用，传世必备。三类为土司印信。土司印信，权力象征，恩施州博所藏甚巨，计有清江施南道总管军万户府印，施南万户府镇抚司印，施州卫中千户所百户印，忠孝安抚司印，金峒安抚司印，唐崖长官司印，唐崖长官司秦关克印，屯田万户府印等，不一一枚举。这些土司印信，无疑是土司制兴替的最好印信，可以窥印信而知土司王之官职与权限！

清朝雍正年间改土归流，不可一世的土司王们先礼敬流官，而后沦为流民，观清一朝，土家文物无论品级与数量，器形与质地，都是明日黄花了。不可移动文物中之石刻艺术，贵州江口县梵净山金顶摩崖石刻“受持金刚经”，刻于清康熙五十九年，康熙手书，佛教经典，值得一纪。湖南省桑植县五道水镇澧水北源七眼泉畔“山高水长，忆斯万年”摩崖石刻，是湖南桑植宣慰使司向国栋与湖北容美宣慰使司田旻如“岩屋会盟”之所为，立于清康熙五十九年（1728 年）八月十六日，是两省土司之间会盟议和示好团结之结晶。湖北鹤峰县“奉天诰命碑”，刻于清光绪二十七年（1901 年），东向西立，高 266 厘米，宽 100 厘米，碑首呈状元冠半月形，碑身分三层雕刻，上层刻大龙一，小龙二，大龙下方是双凤朝阳，下方是云纹，碑额为“奉天诰命”，再下底座是神龟龙纹石座，也值得一纪。湖北巴东县野三关镇“田行皋碑”，高丈余，宽 100 厘米，厚 20 厘米，青石材质，系民国三年（1914 年）田行皋后裔田祥初、田祥光、田天朝出资重修，纪五代后晋年间田行皋之功德也。湖北五峰县土家族自治县“汉土疆界碑”，系清雍正三年（1665 年）湖北总督与容美军民宣慰使田旻如共同察勘，勒石厘定汉、土之疆界。该碑青石材质，方形，竖立，高 200 厘米，宽 80 厘米，碑文共计 2084 字，是研究容美土司疆域分野和土民、汉民团结的重要物证，1993 年 1 月被湖北省政府定为省级重点文物保护单位。

奉天诰命碑　（王晓宁摄）

在不可移动文物之古建筑方面，湖北恩施“文昌祠”建于清嘉庆三年（1798 年），位于湖北恩施市鳌背山顶，坐西朝东，东西长 25 米，南北宽 15 米，占地 3750 平方米，正门为牌坊式，翘檐飞角，墙面多饰以山水、人物、花鸟及吼狮云龙。祠中前进为天井，中进为卷厅，后进为正殿，为演唱恩施南戏之所在。整座建筑为双重檐，歇山顶，无斗拱砖木结构，是恩施土家族苗族自治州自清遗存的古建筑代笔作。贵州印江土家族苗族自治县“严氏宗祠”，位于印江县城南严家寨，建于清嘉庆二十一年（1816 年），坐南朝北，中轴对轴，前后共三进，占地 1380 平方米。现仅存正殿、后殿、两厢、配殿，墙上雕刻有“八仙过海”、“狮子滚绣球”诸图案，1999 年 11 月 20 日被确定为贵州省文物保护单位！

在出土文物方面，1982 年，湖南张家界市慈利县出土“康熙五彩人物双耳尊”，通高 11.5 厘米，口径 6.4 厘米，题款文曰：“范文正公，苏人也。平生好施与，择其亲而贫，疏而贤者，咸施之。”五彩人物图为范文正公堂中施食于贫士，凸显清康熙年间土家贤达人士关怀与慈善事业，被定级为国家一级文物。恩施州博物馆馆藏清五彩瓷罐，白釉胎体，红龙云纹，底部蓝色海水天崖，包浆完整。清青花瓷瓶，白釉胎体，青花缠枝蝴蝶纹，颈部褐色，开片自然，包浆均匀，这说明汉地陶瓷在清初已流传到土家族居住区域，彰显了土家人海纳百川的文化情怀。

第二章

土家社会九连环

第一节　武落钟离山　巴郡五姓出

我是谁?

我从哪里来?

我到哪里去?

自从人类从树上溜下来，从洞穴中钻出来，这一世界性的哲学命题，就如魔咒一样困扰着人类的灵魂。

土家人是谁?

土家人从哪里来?

土家人到哪里去?

土家人从武落钟离山来。武落钟离山，是湘、鄂、渝、黔四省市土家人心中的“圣山”，何以言之呢?

大约在西汉时期，有一个叫刘向的史官，他写作的《世本》详录了从黄帝至春秋时诸侯大夫的姓氏、世系和祖居地。这本奇书，被南朝范晔先生发现了。范晔先生写了一部传世名作《后汉书》，其中《南蛮西南夷列传》诸多史料，就征引自《世本》。此两本书中皆提到武落钟离山乃巴人圣地。后魏郦道元《水经注》（卷三七）、唐人杜佑《通典》（卷一八七）、樊绰《蛮书》（卷一〇）、五代杜光庭《录异记》（卷二）所载的巴人祖灵圣地，皆无出其右。

中华巴土圣山——武落钟离山　（许铁铮摄）

让我们先考据一下历史地理中的“武落钟离山”。相传巴氏、樊氏、瞫氏、相氏、郑氏，土家远祖五大姓氏，都出于武落钟离山。那么，武落钟离山又在哪里？唐人杜佑《通典》（卷一八七）记载武落钟离山，在“今夷陵郡巴山县”。大唐帝国时代的夷陵郡治，就在今日的湖北宜昌市辖区；巴山县，就是今天的湖北长阳土家族自治县。那时五姓之子兄弟和睦，无尊无长，但是他们都笃信鬼神。他们相约掷剑于穴，浮船于水，能中、能浮者奉以为君。巴氏之子“务相”掷剑独中，乘船独浮。众人认为这是天神的旨意，天命不可违，于是五姓共立务相为“廪君”，那时的廪君是原始社会的部落酋长，并不是有家有国的君王。

兄弟五人又是什么时代玩“掷剑”、“浮舟”游戏的呢？让我们翻

开尘封的史书《竹书纪年》："帝启八年，帝使孟涂如巴，莅讼。""帝启"何人？上古三皇五帝中五帝之一——善治水的禹之子就是启，启承禹之国号"夏"，换言之，启就是"夏二代"，约在公元前2070年前后为君为王。帝启派使臣孟涂进入巴地主讼官司，调解巴人民间纠纷。《山海经》里《海南内经》所言更翔实："夏后启之臣曰孟涂，是司神于巴人，（巴人）请讼于孟涂之所。"这位孟涂先生不仅管巴人司神的神事，还管巴人打架扯皮的人事，而且深得巴人的尊重与信赖。孟涂所到的"巴地"，就在今湖北秭归县东边，那是巴人世袭的地盘，距离武落钟离山不过200多公里。如此倒推，巴人、巴地、巴事载入史册，应是4200年前的夏启时代。

巴人先祖廪君绝不是一个有山、有地即安的庸碌之辈，他实际上是一个开疆拓土的部落酋长。为了土地，为了爱情，为了繁衍，他开始了富有神话色彩的征战之旅。

这位廪君为了开疆拓土，从夷水（即今日鄂西的母亲河——清江）乘船至盛产鱼和盐的"盐阳"，在廪君君临盐水之前，盐水这块宝地为"神女"所辖。爱情至上的神女对英俊的廪君一见钟情，一俟夜幕降临，就主动投进廪君温暖的怀抱，狂享鱼水之欢。晨曦初露，又化身为虫，漫天狂舞，掩蔽了日光，晦冥了天地！如此十余日，廪君在开疆拓土和美丽爱情间作出了痛苦的抉择，射杀盐神，天，又绽开蓝莹莹的笑脸！这个神话传说，可以看作父系社会首领的廪君与母系社会首领盐神的一次生死对决。

胜王败寇，廪君终于君乎夷城，四姓皆俯身称臣！

今天，湖北长阳土家族自治县已是"佷山故地，夷水名疆"，正倾全县之力打造"中华巴土圣山"。今天武落钟离山，位于长阳县城龙舟坪西南30公里处，主峰海拔395.5米，整个山体如一块巨硕无比的蓝宝石，悬浮在清莹莹的清江水上。

廪君陵　（陈廷亮摄）　　**廪君陵祭**　（CFP 提供）

山上现塑有廪君像，接受海内外土家人的祭拜，香火十分旺盛。盐女岩，是盐水女神的化身，似乎依然痴心不改。白虎石，廪君就是在此化为白虎升天，从人而神了。

心香一瓣，遥祭先祖廪君！遥拜圣山武落钟离山！

第二节　家支树上　姓氏繁茂

土家人口发展史就像一条从远古奔涌而来的河流。巴人远祖五姓巴氏、樊氏、相氏、郑氏、瞫氏，就是这条河流的源头。那么，巴郡五姓，又将如何分流而成巴国诸旺族呢？

《华阳国志》曾经这样描述了历史上“巴国”的国境：“东至鱼复，西至僰道，北接汉中，南极黔涪。”“东至鱼复”，就是东至今天的重庆市奉节、巴东一带；“西至僰道”，就是西至今天的四川省宜宾一带；“北接汉中”，就是北接今天的陕西省汉中一带；“南极黔涪”，就是南

至今天的贵州省北部一带。那么一大片鱼肥、盐丰、稻香的土地，巴人远祖五姓，就在这里幸福地渔猎着，耕种着，自由地繁衍着人丁家支，被动或主动地迁徙着、融合着。

汉高祖刘邦定三秦，曾发“巴蜀之师”，居今“商洛之地”。《隋书·地理志》（卷三十）说：“其人自巴来者，风俗犹同巴郡”，这说明巴人尽管已迁徙汉中之地，但风情如故，本色依旧！

东汉初年，也就是47年，光武帝迁7000余名渝东巴人至鄂东；102年，汉和帝又迁近万名巴人至豫东南、皖西南，为什么呢？因为他们不当顺民在巴郡造反了，第一次的造反首领是零阳蛮酋相单程，第二次的首领就是澧中蛮酋覃儿健。

蜀汉章武二年（222年），刘备自秭归“率诸将进军，缘山截岭，于夷道、猇亭驻营，自佷山通武陵，遣侍中马良安慰五溪蛮夷，咸相率相应”。《三国志》里所言的“佷山”，就是今湖北长阳县的武落山；“通武陵”，就是进入武陵山区与五溪蛮夷田园诗般地混居了。由于侍中马良先生安抚得当，武陵山区的土著人五溪蛮夷还响应刘备大军的号令与孙吴军队开战。

……

在巴人的迁徙中，在巴人的征战中，在巴人与外族如水乳般的融合中，巴人远祖五姓滚雪球式地壮大着，人口也繁衍着，家支也发达着。

巴姓家支：夏启时代，始有廪君。廪君就姓“巴”，名“务相”。战国时代，有名士巴蔓子。东汉有显宦巴肃、巴茂，归隐诗人陶潜《群辅录》所引民谣“天下卧虎巴恭祖”，这个“巴恭祖”就是为政清严的巴肃之字号，被誉为“卧虎”。明代有巴思明，清代有巴慰祖。巴氏家支，今多聚居于重庆市东南部。

樊姓家支：战国时代，弱国无外交，巴人常以美人纳贡暴君楚庄王。楚庄王有一个宠妃樊姬，不甘深宫钟鸣鼎食，还进谏楚庄王勿荒于田猎，堪比越国天字第一号美女西施。小国寡民的巴国不敢向强国楚国“亮肌肉”，只好搞搞“美女外交”。就连唐代诗人张籍也忍不住吟诗赞叹这次成功的美女外交：“巴姬起舞向君王”。这位樊姬的香冢现在湖北江陵县，名为“谏猎冢”。北魏时代，拓跋氏称雄，巴人豪帅樊石廉、樊舍两人官居太守，在乱世中也游鱼得水。樊姓家支，今无特别聚居地。

瞫姓家支：“瞫”音读与字形与“覃”、“潭”、“谭”相近，廪君时代多次提及“瞫”姓，其后不传，疑因手工之误，混于“覃、潭、谭”了。

覃姓家支：最早见于《后汉书》，东汉时有“溇中蛮”覃儿健、潭戎称雄；唐时有“五溪蛮”覃行璋霸蛮；五代十国时有蛮酋覃行方、覃彦仙、覃彦富、覃彦胜不服节制；北宋时有湖北“施州蛮”谭仲通、覃彦绾；湖南“峒蛮”覃文猛、覃彦霸，辰州“生蛮”覃仕稳、覃文懿被羁縻过。明朝初年有茅岗土司王覃垕拿神箭射皇帝。覃姓家支，今多居于张家界市辖区和永顺县。

相姓家支：“相”源于巴郡远祖五姓，最早见于文献的个人姓名是“精夫”相单程。相单程是东汉“武陵蛮”，一个靠刀枪起家的“精夫”。《晋书》所载“嬖人相龙”，是专司皇帝内寝的“嬖人”，这个职业巴人不耻。“相”曾是四川巴陵郡四大姓（縻、熊、相、猫）之一。现史籍少传。因与“向”读音同，笔者怀疑演变为“向”，这是另一个土家大姓了。

向姓家支：“向”是武陵山区土家大姓旺族。东晋时“建平蛮”向弘、向龙、向璢；唐朝时“石门蛮”向瑰、向伯林；宋时四川“蛮酋”向通汉、向万通、向君猛，湖南“五溪蛮”向贵升、向光泽，湖北“施州峒蛮”向永胜、向永晤、向思迁、向再健。为什么宋朝向姓蛮酋如此

之多呢？因为柔弱的大宋王朝对雄强的蛮酋实现“羁縻”政策，也就是“以蛮治蛮”，不断封他们一些空头的大官帽，免得他们一不高兴就动刀动枪。明朝时有桑植宣慰司使向世英、向仕禄、向怀忠；清朝有桑植下峒长官司向九鸾、向国栋。向姓家族多聚居于今湘西与鄂西地区。

罗姓家支：土家民间传说“洪水故事”中就有罗氏兄妹，年代不可考，有说是春秋时代罗人。五代反抗楚王马希范失败后，出头纳款之人为罗君富。明清两季，罗姓无旺族，今罗姓土家人主要居于湖南保靖县。

朴姓家支：《三国志》载有个巴夷王“朴胡”，官至太守。宋代，湖南潭州长史朴成，是一个教官。左思《蜀都赋》说：“今巴中七姓有濮”，佐证“朴”似作“濮”。此姓今土家族少见，无特别聚居地！

昝姓家支：昝姓名流最早见于《华阳国志》中的《李特传》，是李特抵御桓温的大将昝坚。唐朝有善于解梦行医的昝殷；元朝有宣慰使昝顺；宋朝有帮助赵匡胤打天下的昝居润。此姓今少见，多居于重庆市东南山区。

龚姓家支：龚姓名流最早见于《元和姓纂》：“后汉蛮氏，首有龚氏。”南朝有龚庆，五代有龚明芝、龚贵铭于“溪州铜柱”，北宋有“夔州蛮”龚才晃，南宋有“卢溪蛮酋”龚志能。龚姓土家今多聚居于恩施土家族苗族自治州。

冉姓家支：冉姓名流最早见于《周书》和《北史》，宇文氏统治极为血腥，冉令贤、冉西黎、冉南王、冉承公、冉伯犁、冉龙真、冉三公、冉祖熹、冉龙骧 9 人揭竿而起，险被灭族。冉姓家族，今主要聚居于重庆涪陵区一带。

田姓家支：田姓是巴人中最大的三个姓之一。《魏书》卷一〇一说：“冉氏、向氏、田氏者，陬落尤甚，余则大者万家，小者千户，更相崇僭，称王侯，屯据三峡，断遏水路，荆蜀行人至有假道者。”这说明南北朝时，田姓就是旺族大姓了。田姓首领名士，最早史载《酉阳杂俎》里的“武陵蛮”田疆、田仓、田鲁，就是西汉的豪门了。东汉至五代，有湖南澧中蛮田山、溇中蛮田向求，酉溪蛮田头拟、田思飘，湖北宜都蛮田生，重庆涪陵蛮田思鹤；北宋在大湘西有蛮酋田景迁、田思晓、田彦伊、田承进，南宋有田彦古、田忠佐、田仕罗、田思忠；明朝有湖北容美土司田舜年，清朝有湖北容美末代土司田旻如。田姓家族，今分散聚居于湘、鄂、渝、黔四省市毗邻的武陵山区。

彭姓家支：彭姓家支，是汉人融入土家人的一个显例。追本溯源，需从大唐末年彭玕说起。彭玕是“吉州卢陵人，世居赤石洞为酋豪”。古代“吉州”，就在今天的江西西部，彭玕不同于一般的土豪酋，他“雅好儒学，精左氏《春秋》”（《九国志》），而且出手十分大方，“以十金易一笔，百金酬一卷”，搞得许多文人雅士归附于他。后梁开平三年（909 年），吉州刺史彭玕收拾好自己的行囊，带着他的弟弟彭瑊，还有他不大不小的军队和诸多谋士，清早起，往西行，在湖南永顺一带扎下了根。于是，中国民族史上诞生了绵延 800 年的溪州土司。彭姓家支今多聚居于湖南永顺县、保靖县、古丈县境。

实际上，从巴人五姓这个族群大树上分枝出 30 多个家支，这里只择其要者论及 13 个家支，另有廖、庹、鄂、郑、骞、文、资、谢、吴等 20 余个家支尚未述及。正是这不同姓、但同种的家支，构成了八百多万土家人的血缘脉络，才让土家族立于中国民族之林！

第三节　人口流徙　美美与共

上古廪君“君乎夷城，四姓皆臣之”，廪君之“君”，应是部落联盟首领，而非“国君”，史无疑义；廪君之臣，应是四姓部落酋长，史无疑义；但廪君之“民”何在？史无记载，今人也无法考据。

周武王克殷商，把姬姓王族分封于巴地，还授予“子”之爵位，

巴人之地，自然就是“姬姓”的王土了。巴人之“民”何在？史无详载，后人只知道诸侯王峰会，“巴人以比翼鸟（至）”。朝贡几只比翼鸟，就能换得一小国一时安宁，这就是历史的真实。

春秋战国时代，巴人与强大的楚国为邻，好时巴、楚是兄弟，联师围邓，邓师大败；坏时巴、楚就是敌人，巴、楚数相攻伐；巴、蜀也时战、时和、时联姻，历史非常热闹！巴民安在？史无详载，一部巴人上古史，就是王侯将相史！

公元前316年，巴、蜀又战，苴侯逃亡巴境，求巴庇护，巴国小国寡民，哪敢向大蜀王亮剑？于是巴王向更强壮的秦惠王求助。秦惠王派张仪、司马错从子午道进军，先灭了蜀，顺道又灭了巴。螳螂捕蝉，黄雀在后，巴国作为一个小小国家，从此在历史上烟消云散了。“巴国”一夜间变成了秦国的“巴郡”，巴人还是弱势群体，史书仍然无详载。

东汉建武二十三年（47年），巴南郡“潳山蛮”雷迁举旗造反，东汉朝廷迁7000多人至江夏（今湖北云梦县东南）一带，称为“沔中蛮”，这是巴人与汉人第一次有数量记载的人口互动和融合。

东汉永元十三年（101年），“巫蛮”许圣举旗造反，东汉朝廷再迁10 000余巴人至江夏一带，这部分巴人，很快融入当地汉人中了。这是巴人与汉人第二次有数量记载的民族迁徙和民族融合！

历史就像一条不息的河流，流入了唐宋时期。

唐宋时期，强大的中央王朝对土家地区实行“羁縻政策”，通俗点说，就是给土家蛮酋封个官，许个愿，以夷制夷，以蛮治蛮。只要土蛮们三岁一朝贡，承认朝廷王权，上下就相安无事。政策底线是“蛮不出峒，汉不入境”，避免汉、蛮纠纷不断。

但蛮酋辖区地广人稀，天高皇帝远，皇帝时常羁縻不住，不安分的蛮酋时常招引汉地流民入区开垦。《宋史》曾记载夔州路转运判官范孙在宋宁宗开禧元年（1205年）所言：“本路施、黔等州荒远，绵亘山谷，地广人稀，其占田多者，须人耕垦。富豪之家，诱客户举室迁去，乞将皇祐官庄客户逃移之法校正，凡为客户者，诸役其身，毋及其家属；凡典卖田宅，听其离弃，毋就租以充客户。凡贷钱只凭文约交还，毋抑勒以为地；凡客户身故，其妻改嫁者，听其自便，女听其自嫁。应使得深山穷谷之民，得安生理。”那时，更雄强的蛮酋还时常干点抢掠人口入峒的“勾当”。北宋时期，施、高、溪、黔四州蛮酋就曾攻州入县，“掠民男女入溪峒”。掠走入峒的男女人口有多少？中央王朝又当如何应对？宋真宗咸平五年（1002 年），地方大员夔州路转运使丁谓就用一匹绢换回被掠丁口一人，共赎回丁口万余名（《续资治通鉴》卷二十三）。宋大中祥符五年（1012 年），无计可施的宋真宗只好下诏：“许溪峒蛮夷归先劫汉口五十人者，特署职名，仍听来贡。”这就是说还人就行了，朝点贡就算了，官仍复原职，朝廷怀柔为要啊！

仅以施州为例（今恩施土家族苗族自治州辖区），唐宋羁縻政策下，唐宪宗元和年间（806 年），“施州户二千六百五十八”；唐昭宗光化年间（898 年），“施州户三千八百二十五，口二万五千三百八十”；宋神宗元丰年间（1078 年），“施州户主九千三百二十三，客为九千七百八十一，共计一万九千一百零四户”。如果以每户 5 口人计算，共计人口 95 520 人，272 年增加了 82 230 人，增长了 7 倍！

自元朝开始，土家地区从宽松的羁縻时代进入严苛的土司时代。大量汉人进入土司王的辖地，与土人通婚繁衍，人丁兴旺。进入土司辖地的汉人主要有以下几类：一是大明王朝卫所士兵。明廷为了震慑那些“土皇帝”土司王，在今鄂西设有施州卫、大田军民千户所；在今湘西设有九溪卫、永定卫、麻寮千户所、大庸所；在今重庆东设有瞿塘所；在今贵州铜仁设有五开卫。卫所士兵多为汉人，屯垦入籍，融入土家。二是因避战乱，军丁流民入境。元末明初，红巾军流民入境；明末清初，李自成流散军丁入境。湖北鹤峰《田氏族谱》载：“是

时，大清已定鼎七八年矣。荆侯王光兴、襄侯王昌、宁国侯王有进、临国公李来亨、安南侯郝永忠、皖国公刘体纯等十余家，留以穷途，投窜西山。于是施、归、长、巴一带，星罗棋布。”三是土司招进佣耕人口。康熙五十四年，湖北散毛土司覃煊先就将其母田氏土地立契卖与辰州汉民冉静庵、熊本龙等耕种。康熙四十三年，卯峒土司安插贵州屯民彭、颜、陈、王、李、谭六姓承当夫差，种田纳租。四是汉商入境。湖北容美土司田舜年礼待汉商：“茶客至，官给衣食，以客礼待，去则给引。”盐商至，入境乐居，不思汉境。

从清朝雍正五年（1728 年）改土归流，土司王与中央王朝的蜜月就随风而去了。蛮也出峒，汉也入境，清廷派汉地流官主政土司辖地，同时调迁土司王到汉地任次官，随着土司王的任免流徙，土司制度土崩瓦解，土民与汉民的迁徙互动也成为生活常态了。改土归流，让自我封闭千年的土家人第一次全民性地看到了武陵山外的世界很精彩，武陵山里的世界很无奈！

雍正二年（1724 年），全国总人口就达到 1.5 亿，那么，改土归流后的土家人口又当如何呢？《利川县志》记载：“自改土以来，流人麇至”。一个“麇至”，可知汉地流民入境之密之繁。为什么呢？因为“地无重赋政无苛，鸡犬桑麻尽太和，问是桃源君知否，出山人少进山多！”

汉民大量入境，土民急剧增丁。湖北施南府六县在乾隆初年有 27 718户，117 430 人；道光时增加到 170 769 户，902 133 人。九十多年间，户数增长了 6 倍，人口增长了 7.68 倍。湖南永顺县，改土归流时编户仅 4 万户，乾隆五十八年（1793 年），增长到 16 万户，60 年间人口增加 4 倍。其中乾隆七年，土家族 11 508 户，55 074 口，乾隆二十五年（1760 年）为20 346户，113 765 口。经过 18 年，户数增长了 56%，人口增长了 48.4%。四川省酉阳州，乾隆三年（1738 年）有

3729户，乾隆二十三年（1758年）增长到7905户，20年间增长了一倍多。秀山县，乾隆九年，有1570户；乾隆二十九年，增加到6138户，20年间增长了3倍多。

1949年10月1日，土家人和各族人民一起，终于迎来了新生的人民共和国！

1953年9月，百废待兴的新中国派出以汪明瑀教授为组长，以胡克瑾、杨自翘、田心桃、罗观前、麻廷珍为组员的6人土家调查小组，深入湘西永顺、龙山、保靖3个县、4个乡、24个自然村调查土家族人口。

表一　湘西土家人口分布表

县名	人数	占比（%）
龙山	125 000	50.54
保靖	31 400	12.61
永顺	65 206	26.33
古丈	20 000	8.28
桑植	5000	2.12
泸溪	—	—
总计	247 306	

根据中南民委会湘西苗族自治区土家族初步调查报告的统计数字。

表二　湘西苗族自治区内各族人口比较表

族　名	人　数	占比（%）
汉族	1 028 196	66.12
苗族	290 815	18.74
土家族	235 157	15.11
瑶族	305	0.02
回族	95	0.01
总计	1 554 568	

根据1953年中央民委会的统计数字。

1957年3月18日，土家从“人”到“族”被法理上认同的第75天，在全国政协第二届第三次会议上，土家大恩人向达、潘光旦教授的联合发言，估计湘、鄂、渝、黔四省市土家人口已经超过100万人。湘西土家人打油诗说：

民族团结是一家，
客家土家分明它；
客家土家分明了，
土家人民好当家。

2000年，全国第五次人口普查，土家总人口802.81万人，在少数民族人口中排名第六位，占少数民族总人口7.54％。

2010年，全国第六次人口普查，土家总人口835.39人，在少数民族人口中排名第8，占少数民族总人口7.34％。不到60年的时间里，土家族人口增长了近35倍。

历史穿越千年，土家人口流徙如江河湖海，你中有我，我中有你，美人所美，美美与共！

第四节 社会组织 肌理相亲

我们像考古学家一样，考据了土家人的先祖就是“廪君”。原来这是一位从武陵钟离山走出来的部落联盟首领。

我们又像人类学家一样，梳理了土家人的家支脉络。原来这是一棵家支大树，从巴郡五姓发芽分枝到30多个姓氏，枝也繁，叶也茂，杆更壮。

我们还像人口学家一样，聚焦了土家人的人口流徙。原来这是一条从上古奔向未来的人口之河，积“溪流”千条，成江河湖海。

但是，土家人的社会组织，还带着一层神秘的面纱，我们现在要用政治学家的胆识，揭开这一层又一层的神秘面纱。

秦惠王之前，“巴国”虽号称为“国”，但实际上只是松散的部落联盟而已。巴国的社会组织，远没有“秦国”或“楚国”那么严密又完备：政权机构既不像强邻楚国，呈公、侯、伯、子、男金字塔状；军队也不像秦国，有商鞅那样严明的指挥体系和完备的奖惩措施。所以秦、巴两国交兵，“巴军”只能作鸟兽散，“巴人”只能做臣民，“巴国”也只能降格为秦之“巴郡”，奈何！

自强秦以降，巴郡之主官，多为国王或皇帝委任宗亲，他们与巴人不同血脉，不同文化，不同信仰，平日征收租税，战时征调巴人搏命，社会结构，乏善可陈，史无详载。尔奈我何？

但土家社会组织史，却被大唐帝国彻底改写了。因为大唐帝国在土家地区，创造性地实行“羁縻政策”。

何谓“羁縻政策”？

李唐王朝建国伊始，荆、楚、巴、黔诸蛮纷纷归附，李唐王朝不像历代皇帝那样，任用皇亲国戚亲自治理土蛮地区，出大力又不讨好，而是“树其酋长，使自镇抚”。唐高祖李渊武德初年（618 年），“于边要之地置总管以统军，盖汉刺史之任”。武德七年（624 年），唐高祖李渊又“改总管曰都督，大者领州十余，小者二三州”。大唐开国皇帝李渊就有如此胆略，可谓出手不凡！开局见喜！

唐太宗贞观四年（631 年），“于黔州置都督府”。这个唐太宗李世民治国安邦更有魄力！大唐初年，李唐王朝在土家聚居区设有荆州、夔州、黔州三个都督府，但军政主官“都督”由中央派遣，以示皇权，以明皇土。三个都督府下辖归州、峡州、忠州、夔州、澧州、郎州、施州、黔州、溪州、思州、辰州、锦州 12 个州。这 12 个州的军政主

官就“树其酋长”了。对受命治理这 12 个州的土酋们，李唐王朝给每人封了一顶“刺史”的大官帽。《来凤县志》卷二十七就记录了这段封官许爵的美事：“唐初，溪峒蛮酋归服者，世授刺史，置羁縻县，隶于都督府，为授世职之始。”土酋们有大唐王廷敕封的“刺史”之位，其乐陶陶，但儿孙无位，封地无承，心中也时有不爽啊！大唐皇帝们好像都是心理学家，对土酋们潜意识里的心理波动把握得如丝如扣：“巴酋长子弟，量才授仕，置之左右，即为世职。”（《资治通鉴》卷一百八十八）这些土酋们也可以像皇帝佬儿那样，父传子，子传孙，孙传重孙，世世代代传下去了。大唐帝国，皇恩何其浩荡啊！

沐浴如此皇恩的土酋们在自己的封地里称王称霸，自得其乐，哪里还有精力和时间与李唐王朝动刀兵呢？所以纵观李唐一朝，土酋 12 州鲜有战事，土民们安居乐业，如在世外桃源。

但土酋们也有义务服务于唐王朝。他们三年一小贡，五年一大贡，所贡何物？武周天授二年（691 年），溪州刺史给一代女皇武则天纳贡了丹砂、犀角、茶叶。唐玄宗天宝二年（743 年），施州刺史给爱美女、不爱江山的唐玄宗纳贡了犀角、黄连、蜡、丹砂。土酋们进贡的无非是些地方土产而已，皇帝回赐的礼品则更多、更精、更美。他们晋京主要是为了瞻仰龙颜，取得朝廷法理上的承认。除了纳贡，皇帝若要用兵，土酋们必须出人、出枪、出刀。唐太宗贞观四年（630 年），土酋冉安昌率思州之兵，征讨夷州、费州之叛民。唐玄宗开元三年（715 年），朝廷征调夔州、巴州、峡州、忠州、施州之兵攻打西南蛮。唐德宗建中元年（780 年），朝廷又征调荆州、黔州之兵攻打西南蛮。

宋承唐制，沿袭唐人“羁縻政策”，“析其部落，大者为州，小者为县，又小者为峒”。赵宋王朝在澧州澧阳郡设立石门、慈利诸县，在归州设立巴东诸县，在峡州设立长阳、巴山诸县，在辰州设立沅陵、

泸溪诸县，在夔州设立彭水、黔江诸县，在施州设立清江、建始诸县。三级政权多达 87 个羁縻州县，州刺史又可以下设押案副使、校史、都指挥使和团练使，他们的任命、升降、调遣都要赵宋王朝认可。州级军政主官为刺史，县级为县令，峒级为峒主，不另详叙。由于宋王朝重文治而不重武功，宋王朝对 87 个羁縻州县的约束力远逊于李唐王朝，多以盟约关系维持。在施州南境（今恩施州南），宋廷立有“天圣石柱”，约定土汉事项。辰州通判刘中象，就曾与下溪州刺史彭儒武歃血为盟。但宋廷也偶尔搞点“异地交流任职”：将土酋谋反苗头消灭在萌芽中。宋初就曾迁溪州刺史田洪赟为万州刺史（今重庆万州区），迁溪州团练使彭允足为濮州都指挥使，迁溪州义军都指挥使彭允贤为卫州牢城都指挥使。纵观赵宋一朝，羁縻州县官僚机构如此庞大，开支又如此之巨，当他们遭遇弯弓射大雕的蒙古人，也就只好饮恨而亡了！

成吉思汗在马背上建立了横跨欧亚的蒙元帝国，上马打天下，下马治天下。忽必烈大帝在土家聚居地创造性地建立了“土司制度”。

何谓土司制度？

所谓土司制度，就是蒙元王朝为了安抚湘、鄂、渝、黔、滇、桂、川土酋们而建立的一种政治制度。从官职名称“安抚司”、“宣抚司”、“长官司”等就可看出，这种土司制度的核心理念就是“安”，就是“抚”，就是“官”。在武陵山区，“安抚司使”自然就是蒙元王朝“安”过、“抚”过的土司王爷们。土司王之下，就是旗（舍把）；旗之下，就是守备；守备之下，就是千总；千总之下，就是百户；百户之下，就是里甲。《永顺府志》卷二十二载：“土司各分部落曰旗，旗各有长，管辖户民。”《容美纪游》载：“旗长之下各有守备、千总、百户，名虽官任，趋走如仆隶。”这是一个层层叠加、环环相扣的社会组织，散处为民，亦耕亦猎；战时为兵，亦习亦战。这种土司制度，非常有效地维持了蒙元王朝的边地稳定，也被后世朱明王朝发扬光大！

蒙元时代建立的武陵山区十大土司，曾经纵贯朱明王朝，甚至顺延到清朝前期的雍正五年!

永顺土司。宋为羁縻永顺州，元初，酋帅彭万潜自为安抚司，元朝予以承认了。元至大三年（1310年），置永顺等处军民安抚司，至正十一年（1351年），改为宣抚司，属四川行省。明洪武五年（1372年），永顺土司归附明朝，遂置永顺等处军民宣慰司，领南渭（彭氏）、施溶（田氏）、上溪（张氏）3州及腊惹峒（向氏）、麦著黄峒（黄氏）、驴迟峒（向氏）、施溶溪峒（汪氏）、白崖峒（张氏）、田家峒（田氏）6长官司（其地域范围相当于今龙山、永顺、古丈县辖地），隶于湖广都指挥使司。清顺治四年（1647年），永顺宣慰司使彭宏澍率3知州、6长官司、380峒“苗蛮”归附朝廷，仍授原职，并设流官经历一人以佐之。

保靖土司。宋为羁縻保靖州，元仍为州，隶于新添葛蛮安抚司（今贵州贵定）。元至正十一年（1351年），永顺土司彭万潜改保靖州为安抚司，隶于永顺宣抚司。明洪武六年（1373年），升为保靖州军民宣慰司，彭万里为宣慰司使。领五寨（田氏）、箪子坪（田氏、廖氏）2个长官司（其地域范围为今保靖、花垣及凤凰等县地），隶于湖广都指挥使司。清顺治四年（1647年），保靖宣慰司使彭朝柱归附清朝，领职如故，土皇帝照当啊!

桑植土司。元置桑植宣慰司。明洪武七年（1374年），土司向思富以军功授原职。永乐四年（1406年），又置安抚司，领上峒（向氏）、下峒（向氏）2个长官司（其地域在今桑植县及永顺县部分地区），隶于九溪卫（卫隶于湖广都指挥使司）。清顺治四年，桑植土司向鼎归附清朝，仍授原职。

此外，隶于九溪卫的还有添平（覃氏）、麻寮（唐氏）土千户所（今石门、慈利县地）；隶于永定卫（本为大庸卫）的还有茅岗（覃氏）

长官司（今张家界市桑植县、永定区部分辖地）。

容美土司。元以前为“蛮峒”地。元至正十一年（1351 年）置四川容美峒军民总管府。至正二十四年（1364 年），容美峒田光宝归附，授军民宣抚司。明洪武五年（1372 年），改为长官司；洪武七年（1374 年），升宣慰司，后废。永乐四年（1406 年），复置宣抚司，领椒山玛瑙（刘氏）、五峰石宝（张氏）、石梁下峒（唐氏）、水浕源通塔平（唐氏）4 个长官司（其地大致为今湖北五峰、鹤峰县之大部，及长阳、巴东、建始、恩施等县市之一部），隶施州卫。清顺治十三年（1656 年），容美土司田吉麟归附，清授宣慰司使。

散毛土司。宋为羁縻柔远州地，元改为散毛峒。元至元二十一年（1284 年）升为散毛府，至正六年（1346 年）改为宣抚司，明玉珍据蜀时，又升为宣慰司。洪武初年，置散毛沿边宣抚司，以覃野旺为宣抚使；洪武二十三年（1390 年），置大水田千户所，割散毛洞之半属之。永乐初年，降散毛为长官司；永乐四年（1406 年），仍为宣抚司。领龙潭（田氏）、大旺（田氏）2 个安抚司。大旺所属有腊壁（田氏）、东流（田氏）2 长官司。此外还有卯峒、漫水、百户长官司（均为向氏，其地在今来凤以及咸丰、宣恩之部分地区）。散毛先隶于四川重庆卫，后隶于湖广施州卫。清初，散毛宣抚司使覃勋麟归附，准袭原职。

施南土司。宋为羁縻地，元至正二年（1342 年），置施南宣抚司。明玉珍升其为宣慰司。明初，又为安抚司。洪武十六年（1383 年），复置宣抚司，以覃大胜为宣抚司使。永乐初年，降为长官司，隶于大水田千户所；永乐四年（1406 年），仍为宣抚司，领东乡五路（覃氏）、忠路（覃氏）、忠孝（田氏）、金峒（覃氏）4 安抚司，东乡五路安抚司领摇把峒（向氏）、上爱茶峒、下爱茶峒、镇远、隆奉等长官司；忠路安抚司领剑南（牟氏）长官司；金峒安抚司领西坪峒长官司（其辖地为今利川西南、咸丰东北、宣恩北部等地），隶于施州卫。清

仍置施南宣抚司。

忠建土司。宋为羁縻保顺州界。元置忠建军民都元帅府。明季洪武四年（1371 年），置长官司；洪武六年，升宣抚司（田氏），领忠峒（田氏）、高罗（田氏）2 个安抚司。高罗安抚司又领木册（田氏）、思南（田氏）2 长官司（其辖地在今宣恩县境内），隶于施州卫。

此外，隶于施州卫的还有唐崖土司（覃氏），在今咸丰县境。镇南土司（覃氏），现司治不明。

酉阳土司。宋为羁縻思州属地，冉氏世有其地。明玉珍据蜀时，置沿边溪峒军民宣慰司。明初置酉阳州，以冉如彪为知州。洪武八年（1375 年），改为宣抚司。领平茶（杨氏）、邑梅（杨氏）、麻免（冉氏）、石耶（杨氏）4 长官司（其辖地为今重庆酉阳、秀山县地）。明初，隶于四川都司，永乐中期隶重庆卫。天启初年，酉阳宣抚使冉跃龙因“勤王”有功，升宣慰使，清仍授宣慰司。

石柱土司。南宋时，马什用为石柱安抚司使，世有其地，元为石柱军民府，明玉珍改为安抚司。明洪武七年（1374 年），马什用遣子入朝，升宣抚司（辖地今重庆石柱县境），隶于重庆卫。天启初年，因女土官秦良玉有战功，升石柱宣抚司为宣慰司。清仍授宣慰司。

思州、思南土司。宋时，思州为田氏大姓酋帅所据。元至元十四年（1277 年），思州酋帅田景贤归附；元置军民安抚司，至元十八年（1281 年），又升为宣慰司，后复降为安抚司。至正年间，思州安抚司所属镇元州知州田茂安投附于明玉珍，分置思南道都元帅府，思州土司因此一分为二：思州治清江（今岑巩），思南治安化（今思南）。朱元璋为吴王时，思南、思州土司来附，以田仁智为思南道宣慰使，田仁厚为思州宣慰使。明永乐初年，思州土司田琛、思南土司田宗鼎为了争夺地盘，经常发生战争，被械送京师。永乐十一年（1413 年），废思南、思州 2 宣慰司，在思南置府，均隶于贵州布政司。思南土司被改流以后，其思南府领德江（张、杨二氏为正副长官）、蛮夷（安、李二氏为正副长官）、沿河祐溪（张、冉二氏为正副长官）、朗溪（田、任二氏为正副长官）4个长官司。在今贵州德江、思南、沿河、印江等县境之地。

明朝官制“宣慰使”从“三品”，高于汉人流官“知府”的正四品；“宣抚使”从“四品”；“安抚使”从“五品”，高于汉人流官“知州”的从五品；“长官司”从“六品”，高于汉人流官“县令”的从七品。问题是这些受朱明朝廷诰命的军政长官，“所设宣慰、知州、长官，不问贤愚，总受世职”（《永顺县志》卷三）。这一“不问贤愚”、还能“总受世职”的封建世袭制，就彻底扼杀了土司制度的创造力和生命力。让我们像庖丁解牛一般，解剖一下这一“不问贤愚”的“土司制度”吧！

我们已知顶层政权组织是军政合一的“宣慰司”，土司王就是“宣慰使”，自称“本爵”，他坐在土司制度的金字塔顶。土司王政策的具体执行人，在永顺宣慰司内称为“总理”，总理司内各项司务是也。在容美宣抚司内称为“旗头”，领头人是也。总理之下有“家政”，是为土司王管理内务的土官；还有“舍把”，是土司王委派到某地的地方长官。土司王宗族内部又分应袭舍人，就是嫡长王子。司事舍人，就是次生王子。护印舍人，就是侄亲王子。

基层政权组织就是军政合一的“旗”。湖南永顺土司内设58旗，以七言八句古诗一字为一“旗”名：“长利东西南北雄，将能精锐爱先锋，左韬德茂亲勋策，右略灵通镇尽忠。武敌两星飞义马，标冲水战涌祥龙，英长虎豹嘉威捷，福庆凯旋智胜功。”每一字一旗，共56字，为56旗。后添清、谋两近卫旗，是为58旗。永顺土司王的智慧，从这58旗可见一斑。湖南保靖土司内设61旗，桑植土司内设14旗，湖北容美土司内设48旗，散毛土司内设48旗，由于旗是军政合一，土

民是兵农合一，所以土民社会，全民皆兵也！民风剽悍的土家社会，战力十分了得！

“总旗”管理各旗的“旗长”或“旗头”，主要职责在于领军打仗。旗长则管理户口及差役，主要职责是“练兵”。“旗”之下是“里”，110户为1里，“里”的长官是“乡约”或里长（相当于乡长）；“里”之下是“甲”，1里又分为10甲，“甲”的长官是“甲长”（相当于村长）；“甲”之下是“峒”，“峒”的长官就是“峒长”或“峒老”（相当于寨长）。在这等级极为森严的土司社会里，土民们称土司王为“爵爷”或“土王”，称土司王之妻为“夫人”，土司王之妾为“姑娘”，土司王之子为“官儿”，土司王之女为“官姐”，土司王之兄弟为“总爷”。在建筑上也是等级森严：土司衙署可以绮柱雕梁，砖瓦鳞次。舍把头目，许竖梁柱，周以板壁，但不许盖瓦。平头百姓，则叉木架屋，编竹为墙，覆草为瓦。若有违例，则治以僭越之罪，轻则杖责，重则丢天坑，喂猛虎。土司王出行仪式也极为盛隆，以土民肉身为上下马之凳，所到之处，土民们皆夹道伏地，惴惴听命，莫敢违者。土司王，有自己的军队，有自己的司法系统，有自己的办公系统，有自己的宗族组织。土司王，岂止是一个“王”，俨然一个“土皇帝”也！

但“土皇帝”与“真皇帝”短兵相接，“土皇帝”还没来得及亮剑，就被真皇帝“改土归流”了。这个“真皇帝”，就是清史上极为苛严的雍正皇帝。

何谓改土归流？

改土归流是明清两代在少数民族地区废除世袭土司，改行临时任命的流官统治的一种政治措施。改土归流以后，在原土司地区实行和汉族地区相同的政治制度，如丈量土地、征收赋税、编查户口、组织乡勇、兴办学校等；加强土司地区与内地的交流，也加强中央对边远地区的统治。

雍正皇帝是一个有大智慧的明君。湘、鄂、渝、黔土民民风如此强悍，土司王又如此好斗，雍正皇帝可以说是“拿着刀”架在土司王的脖子上“改土归流”。雍正五年（1727 年），雍正密令彝陵镇总兵防堵土司前路——北上挑战中原腹地；同时又调遣衡州副将周一德驻扎九溪卫，节制澧州、永定两营兵马，堵住土司王南撤两广后路。这是雍正皇帝高举的“大棒”！军兵进入战斗位置后，雍正皇帝立即派湖南按察使王柔、总兵刘策分赴永顺、保靖、桑植等司衙，要土司王们“自请改流”，这是雍正皇帝挥舞的“胡萝卜”。永顺、散毛、忠峒、茅岗等土司王识时务为俊杰，乖乖地遵从皇命改土了。保靖、桑植、施南、酉阳等土司王还在做着“土皇帝梦”，拖一天快活一天，雍正皇帝就让土民列其罪状，就地拿下，流放汉地！湖北容美土司田旻如拒绝改土，雍正稍稍用兵，所辖五峰长官张彤柱倒戈，田旻如就以一条白绫自缢在司衙，成为土家聚居区的末代土司王！

请看雍正皇帝的大手笔：雍正五年，在南渭州、施溶州、田家峒长官司等地置永顺县，在上溪州、白岩峒长官司置龙山县，在保靖宣慰司及五寨长官司地置保靖县；雍正七年，在桑植宣慰司地置桑植县，并以上述诸县建永顺府。雍正七年，在筸子坪长官司置凤凰直隶厅。同年，在施南宣抚司、忠孝安抚司地置恩施县，在忠路、剑南安抚司地置利川县；雍正十年，在金峒、龙潭安抚司，唐崖长官司地置咸丰县；雍正十三年，在忠建宣抚司、木册、镇南长官司等地置宣恩县，在散毛、腊壁等土司地置来凤县，并以上述诸县设置施南府。雍正十一年，在容美土司地置鹤峰直隶州，此外，在川东土司地置酉阳直隶州（下辖酉阳、秀山两县）及石柱厅。世袭数百年的土司制度就这样寿终正寝了！

改土归流是清政府革命性的举措：从官制上，改土官为流官，废了土司王，立了流官威；从政权结构上，改“旗制”为“保甲制”，设

立近代府、县；在教育上，力推科举取士，设府、县、乡、书院四级学制，使诵读之声不绝于耳；在文化上，力推汉文化，禁土民恶俗，禁摆手舞，禁土民语言，加速土民汉化进程；在生活方式上，力推铁制农具，力推区种法，力推人畜肥养地。雍正皇帝的这一系列“组合拳”，彻底改写了数百年来“蛮不出峒，汉不入境”的历史，让封闭千年的土民世界，向文明社会迈进了一大步！

第五节　当代土家人　区域自治美

1911 年，在辛亥革命的隆隆炮声中，腐败的清政府轰然倒塌。作为清政府国策的“改土归流”，自然延续到群雄并起的民国乱世，无力为继也！

1949 年，在解放军的隆隆炮声中，同样腐败的民国政府轰然倒塌。作为民国政府国策的“保甲制度”，自然寿终正寝也！

武陵土家人，走进新时代！

历史请记住这一天：1957 年 1 月 3 日，中央人民政府从法理上确认“土家族”为单一民族！

历史永远记住这一天：1957 年 9 月 20 日，湘西土家族苗族自治州成立！

这是中国土家族地区民族区域自治的始发之地。在这片神奇的红土地上，有吉首、保靖、古丈、花垣、泸溪、龙山、桑植、永顺、凤凰、大庸 10 个县的各族人民在创造着历史！

在湘西这片美丽的土地上，历史如此书写：

在远古的夏朝，湘西为“荆州之域”；

在上古的商朝，湘西为“楚之鬼方”；

在中古的春秋，湘西为“楚之黔中地”；
在近古的战国，湘西为“楚之黔中郡”；
在西汉，湘西为“武陵郡”所辖；
在三国，湘西为“吴国”属地；
在隋唐，湘西为“黔中道”属地；
在元朝，湘西为湖广行省恩州军民安抚司辖地；
在明朝，湘西为永顺宣慰司和保靖宣慰司辖地；
在清朝，湘西为永顺府和永绥直隶厅辖地；
在中华民国，湘西为湖南省第八行政督察区；
在中华人民共和国，湘西为“湘西土家族苗族自治州”。

湘西土家族苗族自治州在云贵高原东侧武陵山区，与湖北、贵州和重庆市接壤，总面积15 461平方公里。湖南四大河流之一的沅江流经湘西，沅江的支流沱江在凤凰县境内就长达96.6公里。沱江是一条如诗如画的河流。而猛洞河，则是永顺土家人的母亲河。

湘西风景美如画：凤凰古城，被国际友人路易·艾黎称为世界上最美丽的两个小城之一。永顺老司城，被称为中国南方的“故宫”，中国的“庞贝古城”。龙山里耶古城，是万片秦简的发现地；凤凰边墙，被誉为“中国南长城”；永顺王村，是新中国的“芙蓉镇”；吉首矮寨，还建有世界第一高的斜拉公路桥。可以说，湘西是土家人的诗，是苗家人的画！

湘西境内有汉、土家、苗、瑶、侗、白等30个民族，2000年，第五次全国人口普查，世居主体民族土家族人口为102.1万人，占湘西总人口的41.5%，苗族占33.1%，那时湘西有总人口246.4万人；2010年，第六次全国人口普查，湘西有总人口284.6万人，土家族人口为108.9万人，占42.74%，同五普比，上升1.64%。历史十年，弹指一挥间，湘西增添人口38.2万人！

湘西土家人吃得苦，霸得蛮，耐得烦，骨头最硬。在朱明王朝，倭寇在浙江王江泾一带作乱，彭荩臣、彭翼南土司率数千土兵抗倭，让倭寇们吃尽苦头，荣立“东南第一战功”。在清朝末期，郑国鸿拿着鸟铳抗击英军机枪大炮，杨岳斌挥着大刀长矛收复荷据台湾，罗荣国举着龙旗抗击八国联军坚船利炮……每个湘西男人，都是骨头擂鼓响当当的纯爷们！

现代湘西在哪里？

湘西在熊希龄总理的慈幼院里；

湘西在贺龙元帅的枪杆子里；

湘西在陈渠珍的山羊胡子里。

当代湘西在哪里？

湘西在沈从文的小说里；

湘西在黄永玉的画里；

湘西在宋祖英的歌里。

湘西土家族苗族自治州开创中国土家族地区区域自治之先河，是在《中华人民共和国宪法》框架内，依据《中华人民共和国民族区域自治法》实施自治。在政权层级上，湘西土家族苗族自治州，建立了州、县、乡（镇）、村四级政府。州、县、乡（镇）、村四级党委书记一般由汉族同志担任，实施党委决策；州、县、乡（镇）、村四级政权行政主官一般由少数民族同志担任，实施行政运行；州、县、乡（镇）三级人大任免官员，审议颁布地方法令，实施监督；州、县两级政协则参政议政。四级党委，其内设部门（委、办、部、局）对应全国同级党委；四级政府，内设部门（委、办、部、局）也对应全国同级政府。四级公、检、法相互制约，独立运行，力保自治区域司法公正！

湘西州域内，30 个少数民族不论人口多少，一律平等，共同团结进步，共同繁荣发展，共同享受国家对民族地区的优惠政策，共同分享改革开放的红利，共建21世纪的美丽中国！

恩施土家族苗族自治州建于1983年8月19日，比湘西土家族苗族自治州建州晚了整整26年，原名“鄂西土家族苗族自治州”，1993年4月经国务院批准改为现名。恩施州在武陵山北麓，总面积24 111平方公里，下辖利川、恩施两市，巴东、来凤、咸丰、建始、鹤峰、宣恩6个县。恩施州汉族人口占45%，土家族人口占46%，苗族人口占6.5%。2000年，第五次全国人口普查，恩施州总人口为379.8万人，土家族人口为174.7万人。

在恩施这片美丽的土地上，历史如此书写：

在远古夏启时代，恩施为“廪君领地”；

在春秋时代，恩施为“巴国”；

在战国时代，恩施为“楚之属地”；

在西汉，恩施为“武陵郡”、“南郡”；

在三国争霸时，恩施为“吴国建平郡”；

在杨隋王朝，恩施为“清江郡”、“巴东郡”；

在李唐王朝，恩施为“归州”、“施州”；

在赵宋王朝，恩施分为“归州”、“施州”和“高州”；

在蒙元王朝，恩施为“归州”、“施州”，下置散毛、唐崖、金峒、龙潭、忠建、毛岭、施南诸土司。

在朱明王朝，恩施为夔州、施州卫军民指挥使司。下置1个容美宣慰司，施南、散毛、忠建3个宣抚司，再下置9个安抚司，13个长官司，5个蛮夷长官司。

在清雍正王朝，恩施被改土归流后，置施南府；

在民国二十五年（1936年），恩施为湖北省第七行政督察区，辖8县；

在中华人民共和国时代，1955 年 5 月 12 日，恩施专员公署成立，辖 8 县。因为土家族作为一个民族在 1957 年 1 月 3 日在法理上才被中央政府确认，所以恩施那时还不是土家族自治区。

1983 年 8 月 19 日，国务院批复成立“鄂西土家族苗族自治州”，辖 7 县 1 市，恩施州从此进入“土家族区域自治”的行列之中。

土家族文化有她自身的温度与馨香。从文化上溯源，恩施州是巴文化的原乡。巴人悬棺葬，这一世界文化之谜，就潜伏在巴人故地恩施州。恩施州还是世界优秀民歌《龙船调》的故乡，一曲《龙船调》，唱响世界乐坛，为土家民族争了光！

恩施风景雄奇朴野。恩施大峡谷，雄奇堪比美国的科罗拉多大峡谷；利川市腾龙洞，全长 52.5 公里，实为亚洲第一大洞；梭布亚石林，喀斯特地貌的精华所在，可以媲美云南石林。巴东神农溪，号称“小三峡”，裸体纤夫，释放了原始人性的张力。恩施土司城，又是土家干栏建筑的集大成者。特别值得一提的是，恩施州森林覆盖率高达 70％，负氧离子含量在全国名列前茅。

恩施土司城，九进堂　（柯甘霖摄）

恩施州的社会政治组织类似于湘西州，这里无须赘叙了。让我们把探索的目光投向黔江吧！

重庆市黔江区位于重庆市东南部，在武陵山西北之犄角，是直辖市重庆唯一的少数民族自治区。2010 年，第六次全国人口普查，彭水苗族土家族自治县总人口 54.5 万人，土家族人口为 25.7 万人，占全县总人口的 46.61%；酉阳土家族苗族自治县总人口 84 万，土家族人口为 50.4 万人，占全县总人口的 60%；秀山土家族苗族自治县总人口 65 万，土家族人口为 33.8 万人，占全县总人口的 52%；石柱土家族苗族自治县总人口 54.4 万人，土家族人口为 39 万，占全县总人口的 71.69%。

重庆市黔江区的历史如此书写：

> 在遥远的商周时代，黔江区为小小“巴国”的辖地。巴国的国礼，只是小小的比翼鸟；
>
> 在战国时代，黔江区为秦之“巴郡”；
>
> 在东汉时代，黔江区为黔江县辖地；
>
> 在李唐王朝，黔江区为黔州辖地；
>
> 在赵宋王朝，黔江区为黔州、绍庆府辖地；
>
> 在朱明王朝，黔江区为重庆府辖地；
>
> 在满清王朝，黔江区为重庆府酉阳州辖地；
>
> 在民国时代，黔江区为四川省第八行政督察区；
>
> 在人民共和国时代，1951 年 1 月 23 日，黔江区酉阳、秀山、黔江三县被并入酉阳专区。因为土家族作为单一民族未被确认，黔江区尚未实施民族区域自治！

1988 年 5 月 18 日，国务院批复成立四川省黔江地区，辖黔江、

酉阳、秀山、彭水、石柱五县，黔江地区跨入民族区域自治的行列！

2000 年 6 月，国务院批复设立重庆市黔江区，始有现有建制。

黔江区有一条风光画廊“阿蓬江”，重庆人称“阿蓬江”为“重庆市的漓江”；黔江区有一个地震堰塞湖“小南海”，重庆人称“小南海”为“重庆市的千岛湖”。黔江区的土地上文物富集，国宝“曾侯乙钟”、“虎钮錞于”、“铜钺”、“唐钟”和“土司夫人墓志”就出土于黔江区，那是祖先对黔江的厚爱。

从黔江区东南行，就是“人间仙境张家界”了。

张家界市是一个地级市，在武陵山腹地，曾经养在深闺人未识。张家界市现下辖两区、两县：两区一是位于武陵源风景区的“武陵源区”，二是从原大庸县改名而来的“永定区”；两县一是湘西州划拨而来的桑植县，二是从常德市划拨而来的慈利县。张家界市现有国土面积 9653 平方公里，在张家界人口构成中，世居民族土家族有 103.2 万人，占全市总人口的 61.75%；世居民族白族 11.4 万人，占全市总人口的 6.81%；世居民族苗族人口 2.7 万人，占全市总人口的 1.62%；全市共有 17 个少数民族，共有 117.7 万人，占张家界市总人口的 72.48%。上述数据表明，张家界市虽然现在不是土家族自治区域，但它享受中央对民族地区的优惠政策，是一个以土家族为主体民族的地级市。

人间仙境张家界的历史如此书写：

在商周时代，张家界为楚国属地；

在春秋战国时代，张家界为“黔中地”辖地，那时有个国中之小国——“庸国”就立于斯；

在秦王朝，张家界为“黔中郡”辖地；

在三国时代，张家界为吴国之天门郡辖地；

在唐朝，张家界为山南道下之澧州郡、澧阳郡辖地；

在元朝，张家界为澧州路总管府和茅岗都元帅府辖地；

在明朝，张家界为茅岗宣慰司和桑植宣抚司辖地；

在清朝，张家界为永顺府辖地；

在民国时期，张家界为湖南省第四行政督察区；

中华人民共和国成立后，1982 年 9 月 25 日，“张家界国家森林公园”正式成立。这是中国第一家国家级森林公园。

1985 年 5 月 18 日，大庸市成立，从湘西州行政划入大庸县和桑植县，从常德地区划入慈利县，新设武陵源区。

1994 年 4 月 4 日，“大庸市”更名为“张家界市”，这就是张家界市的前世今生！

1979 年底，吴冠中大师在当时的张家界林场写生，惊艳于张家界的绝世美丽，写出千古美文《养在深闺人未识》，张家界的美景从此揭开神秘的面纱。毫无疑问，年轻的张家界市以旅游立市。由于张家界集中了武陵山区美景的精华，1992 年，张家界武陵源自然风景区入列“世界自然遗产名录”。2004 年，又被联合国命名为“世界地质公园”。由于张家界在国际旅游界超高的知名度，2007 年，美国好莱坞卡梅隆导演从张家界“南天一柱”取景，摄

张家界景区南天一柱　（王达理摄）

制了世界名片《阿凡达》；2005 年，俄罗斯空军战机飞越天门山，穿越天门洞，让天门山名满世界。2011 年 9 月 26 日，美国极限运动员杰布·科里斯翼装穿越天门洞，在山水云海间挑战人类运动极限。从 2010 年开始，以叶文智为首的团队在张家界组织演出“世界乡村音乐节”，用艺术成功包装张家界的山山水水。近年来，张家界的旅游可以说风生水起。

张家界天门山　（图片提供：CFP）

张家界还有两条母亲河：一条是湖南四大河流之一的澧水，干流长 388 公里，发源于桑植县杉木坪。屈原大夫行吟“沅有芷兮澧有兰，思公子兮未敢言”，其中蔓生兰草的“澧”，就是这条张家界的母亲河。另一条就是流经慈利县的“溇水”，它浩浩荡荡奔向洞庭湖，流入长江。

美丽的张家界，不仅仅是土家人的张家界，不仅仅是湖南的张家界，不仅仅是中国的张家界！

迷人的张家界，她是中华民族的张家界，她更是全世界的张家界！

贵州沿河土家族苗族自治县，1987 年 11 月 23 日成立，县域总面积2468平方公里，总人口65.37万人，其中土家族39.78万人，占61.20％。沿河县现为铜仁地区所辖，县府驻和平镇。

贵州印江土家族苗族自治县，1987年11月20日成立，县域总面积1969平方公里，总人口43.46万人，其中土家族23.42万人，占54.40％。印江县现为铜仁地区所辖，县府驻峨岭镇。

湖北长阳土家族自治县，1984年7月13日成立，县域面积3430平方公里，总人口40.61万人，其中土家族20.57万人，占50.65％。长阳县现为宜昌市辖，县府驻龙舟坪镇。特别令人骄傲的是，长阳县是土家先祖廪君的故乡。

湖北五峰土家族自治县，1984年12月12日成立，县域面积2372平方公里，总人口20.8万人，其中土家族17.4万人，占84.63％。五峰县现为宜昌市辖，县府驻五峰镇。

纵观当代土家族区域自治，全国现有30个民族自治州，土家族有2个自治州，占民族自治州的6.67％。全国现有120个民族自治县，土家族有7个自治县（另有桑植县、永定区、武陵源区一县两区享受自治待遇），占民族自治县的6.15％。细细统计，湖南省土家族有263.25万人，占全国土家族的31.51％；湖北省土家族有210万人，占全国土家族的25.15％；重庆市有土家族139.87万人，占全国土家族的16.75％；贵州省有土家族143.7万人，占全国土家族的17.20％。此外，在全国各地还散居着许多土家人，浙江省有22.7万人，广东省有21.25万人，福建省有8.98万人，四川省有5.92万人，江苏省有4.13万人，上海市有3.36万人，北京市有2.36万人，新疆维吾尔自治区有1.79万人，广西壮族自治区有0.92万人，河北省有0.81万人，他们像蜜蜂一样辛勤地工作着，构建着属于自己的文明世界！

第三章

土家生活锦上花

第一节　诗情的农耕　画意的渔猎

土家族绵延千年而不绝于世，他们的生存状态是什么呢？他们的物质驱动力又是什么？

土家族的生产状态，首先取决于土家族的生存环境。土家族，生存于溪、洞、河、谷相连的武陵山区，武陵山脉，纵贯鄂西与湘西，连接黔东北与渝东南，最高峰桑植县斗篷山海拔 1894.4 米，比南岳衡山主峰祝融峰还高出 600 米。诸山环抱之中，有澧水、酉水、溇水、郁江、清江和阿蓬江潺潺流过，山也环，水也绕，云也遮，雾也罩，遂成桃花源一般幽美的溪峒。武陵山海拔大都在 1000～1500 米，各地温差较大，冬天温暖，夏天凉爽，常年平均温度在 15℃左右，最高温度达 35℃，最低温度仅零下 5℃。无霜期每年 100～240 天不等。雨量充沛，湿度大，年降雨量平均达 1300～1400 毫米，正是这样不知秦汉、无论魏晋的生存环境，决定了土家族的经济生活状态是采集、渔猎和农耕的混合体。

再回首，土家族早期的经济生活。4000 年前的廪君时代，夷水

（今恩施土家族苗族自治州清江）一带的土家先民就以渔猎为生，由于“鱼盐所出”甚美甚丰，所以土家先民也活得优哉游哉！秦昭襄王时（公元前306～前254年），白虎为害，常从群虎，虎历四郡，吃杀一千二百名秦国人，秦王怒而招募秦国中有能煞虎者，赏万家封邑和无数金帛，土家射虎英雄廖仲于是揭下王榜，在高楼上射出三枝竹箭，射中白虎王头三节。白虎患除了，但是狡猾又无信的秦王因廖仲是“夷人”，所许的万家封邑和金帛全不兑现，只是给土家先民开了一张“空头支票”：刻石盟要！秦王与夷人“盟”什么，“要”什么呢？“秦犯夷，输黄龙一双；夷犯秦，输清酒一盅。”我大秦国要是侵犯了你夷境，就输一双黄龙玉算了；你夷邦要是侵犯了我秦国国土，就输一盅清酒算了。哈哈，一个强国与弱邦的对赌，就是一双黄龙玉和一盅清酒，中国历史上超级著名的黑色幽默！但对赌之后，“夷人安之”了。因为夷人天性善良，一头白虎能换来夷地的和平，也值了。这就是土家族作为剽悍的猎虎民族最早的历史记载。

秦至隋时土家先民的经济生活又如何呢？秦至隋，土家先民居住地为巴郡、南郡、黔中郡，《汉书·地理志》记载得特别详细：“或火耕水耨，民食鱼稻，以渔猎山伐为业，果蓏蠃蛤，食物常足”。换言之，秦至隋的土家先民，又吃鱼，又吃稻；又吃果，又吃蛤；又打鱼，又打猎，又种田。但种田只是粗放的“火耕水耨”，西汉大史学家司马迁记载：“烧草下水稻种，草与稻并生，各七八寸，因悉芟去，复下水灌之，草死独稻长，所谓火耕水耨。”（《史记》卷三十）特别要说明的是，土家先民的手工业那时名列前茅。因为，南郡巴人善织“賨布”，所以朝廷以“賨布”为“南蛮”的税赋：“岁令大人输布一匹，小口二丈，是为賨布。”这要早于纺织师祖黎族黄道婆数十年。

唐、宋年间，土家先民们以农业为主，兼事渔猎，旁及林副业。唐人刘禹锡竹枝词“长刀短笠去烧畲”，就是一幅生动形象的土家先民

生产图画：戴着短笠，手拿长刀，砍倒灌木杂草，烧一把火畲，留下一片草木肥，播上一些谷种，收获一份口粮。宋代大词人陆游《老学庵笔记》记载："皆焚山而耕，所种粟豆而已。"那时宋朝还对溪蛮实行"以粟易盐"的贸易政策，说明那时"溪蛮之粟"不仅可以自饱，还可以少量易货。朝廷万万没想到，这一政策还颇得溪蛮之心，弄得"群蛮感悦"。不过，那时溪蛮的"拳头产品"仍然是被汉人称为"溪布"或"峒锦"的纺织品。这种纺织品，在溪州生产的土民称"溪布"，在澧州生产的土民称"纻布"，在涪州生产的土民称为"僚布"。当然，这些都是蛮酋们上贡朝廷的贡品，宋真宗大中祥符五年（1012年），土酋田仕琼就纳贡"溪布"若干匹，以示对朝廷的归服！

元至清初，土家地区进入了土司称王称霸的土司时代。田土山林、溪流河谷、鱼虾鸟兽都归土司王所有，土司王是辖区内至高无上的封建领主土皇帝，而土民们，则是在土司王地服劳役兼兵役讨口饭吃的佃农或猎户。清同治《桑植县志》详载："土司时，土司及土知州皆自有山及田，役佃户种之。佃户者，皆其所买人，如奴仆然。"那时，牛耕和铁制农具已部分使用，土民们在平坝处种植水稻，在山坡岩脚种植小米、黄豆、绿豆。在河旁溪畔开沟引水，或用筒车提水灌溉。因为时与汉民杂居，土民们还学会种茶、种菜、割漆、采药、植桑、养蚕、养蜂、园艺、冶炼诸业，生产力有所提高。我们以大名鼎鼎的永顺土司为案例："米旗"，专司碾米；"苗旗"，专司花木园艺；"吹鼓手六旗"，专司红白喜事；"镶旗"，专司金银器皿营造；"戍旗"，专司警卫出行；"猎旗"，专司打猎赶肉；"每冬狩猎，谓之'赶仗'，先令舍把、头目等视虎所居，率数十百人用大网环之，旋砍其草，以犬惊虎，虎奔，则鸟铳立毙之，无一脱者"（乾隆《永顺府志》卷十一）。土家人用大网环虎、以犬惊虎、以铳毙虎的猎虎全程，活脱脱彰显了猎虎民族的雄强本色！

清雍正改土归流，大量汉地流民进入土家地区，土家人的生产方式和生活方式也发生了“革命性”的变化。清政府在土家地区大力推广铁制农具，使得土家人“所使农具铁器，亦同内地各处”。清政府还大力推广牛耕，高低田地，皆用牛耕，所以土民民间生产“全恃牛力”。清政府还推广水车、筒车灌溉，周日不息，日计一车可灌田十亩。特别是清政府把“烧火畲”改为人畜粪肥田地，大大增加了田地肥力；清政府还大力推广先进的耕种方法“区种法”；“每田一亩，广一十五步。每步五尺，计七十五尺。每行占地一尺五寸，计分五十行。长广相乘得二千六百五十区，空一行，种一行。隔一区，种一区……常田每亩可收谷三四石，或六七石不等，区种则每亩可收谷二十余石或三十石，得法者每亩竟可收五六十石，以至百石之多”。如此飙升的粮食产量，也让土民们衣食足，思商贾，商业也渐次发达起来：湖北鹤峰县仅茶行就有数家，来凤县卯峒成为酉水流域商贸中心，重庆秀山“秀油”载销湘、汉、淮之间，“旧有十号，今惟万事，义合、同人、瑞泰、正盛、义顺、万兴、长茂八号犹盛”。商贸如此兴隆，让大山里的土民们第一次看到山外的大世界，从野性走向理性，从蛮荒走向文明！

如要了解改土归流后土家族地区的生产规模，道光《施南府志》载：乾隆初年（1736年），施南府六县勘出田地3886顷；乾隆十九年至三十九年（1755～1775年）增加到4439顷，新垦田地553顷，55 300亩。同治《酉阳州志》载：乾隆九年，酉阳县有田地617顷；乾隆五十年，酉阳县有田地638顷，新垦田地21顷，40年增加2100亩。乾隆初年，秀山县有田地416顷；乾隆五十年，秀山县有田地489顷，新垦73顷，新增田地7300亩。乾隆年间如此大规模垦田，幽岩深谷，亦筑茅其下；绝壑穷巅，亦播种其上。可谓地无遗利，人无遗力矣！

清廷大规模开发土家地区，大量人口流入土家地区，副作用也日

渐显现：鱼鳖尽焉，背笼罩鱼的日子渐行渐远了，飞石砸鳖的日子也渐稀渐少了。禽兽逃焉，持枪入山，兽物也有所不获了；持钩入河，水族也终少盈笥了。溪州竹枝词所言："溪州之地麂子多，三十五十藏岩窝；春种秋熟都窃食，只怕土人鸣大锣"，也只能成为土家狩猎经济的历史盛景，埋葬在土家人的心灵深处！

又是浴火重生的民国时代……

又是政通人和的共和国时代……

中华人民共和国成立后，武陵山土家族地区现在实行责任田制，正告别传统的农业，向现代观光农业过渡：水稻、小麦、茶叶、黄豆、绿豆、烟叶、油菜种植已弃用人畜粪，改用化肥；弃用石灰土法除虫，改用农药杀虫。柑橘是土家族地区代表性的林果，每当橘子红了，满山遍野像亮起一盏盏小橘灯，美丽无以言表。

农业大发展，数字看湘西：2011 年，全州实现农、林、牧、渔业总产值 90.9 亿元，比上年增长 3.9%。粮食、油料、烤烟、茶叶、水果、肉类、水产品产量全面增长。全年兴建 127 处农村饮水安全工程。治理各型水库除险加固 71 座。农村用电量 1.60 亿千瓦时，增长 5.9%。全州有农产品加工企业 603 家，实现销售收入 29.84 亿元，增长 22.3%，82 家州级以上农业产业化龙头企业销售收入 24.3 亿元，增长 23.3%。建成乡镇到村水泥（沥青）路 1691 公里；建设农村清洁工程示范村 6 个、农民专业合作社省级示范社 7 个；323 家农家书屋全部竣工；新增通电话自然村 107 个；新增行政村实现互联网宽带上网 60 个。

农业大进步，数字看恩施：2011 年，全州实现农、林、牧、渔业总产值 193.19 亿元，比上年增长 5.5%。粮食、油料、烤烟、茶叶、水果、肉类、水产品产量全面增长。年末耕地总资源 31.4 万公顷，全年农村用电量 3.70 亿千瓦时，农业机械总动力达 194.07 万千瓦。武陵山片区区域发展与扶贫攻坚试点工作启动，全州88个重点贫困村和39个重点老区村的整村推进工作进展顺利。全年完成扶贫搬迁4000户1.6万人，减少贫困人口10万人。全州实施农村通畅工程2142.1公里。

武陵山土家族地区史无工业，现在正告别传统手工业，向现代工业阔步迈进。

工业大发展，数字看湘西：2011年，全州实现工业增加值126.05亿元，比上年增长12.6%。其中，规模工业增加值106.99亿元，增长12.7%。锰锌铝矿产业、食品加工产业及生物医药产业三大产业集群实现增加值87.3亿元，增长17.4%，总量占规模工业比重81.6%。三大产业集群实现主营业务收入232.9亿元，增长30.2%，占规模工业主营业务收入的79.6%；实现利税32.2亿元，占规模工业利税的83.9%；从业人员3.4万人，占规模工业从业人员的73.1%。全年规模工业产销率为96.1%，下降2.4个百分点。

工业大突破，数字看恩施：2011年末，全州规模以上（年主营业务收入2000万元及以上）工业企业239家。全年规模以上工业增加值81.8亿元，比上年增长18.0%。其中，国有企业增加值29.04亿元，增长9.3%。分轻重工业看，轻工业增加值41.87亿元，增长23.1%；重工业增加值39.93亿元，增长13.1%。全年规模以上工业企业主营业务收入210.77亿元，比上年增长34.2%；利税总额28.96亿元，增长32.8%，其中，利润总额12.12亿元，增长60.1%；工业经济效益综合指数263.54，比上年提高19.54个百分点。

武陵山区的土家人小日子过得怎么样，既要看政府口袋里有多少钱，也要看老百姓的口袋鼓不鼓。那么，武陵山里的土家人离2020年建成小康社会究竟有多远呢？

财政金融，数字看湘西：2011年，全州财政总收入41.92亿元，

比上年增长30.1%。其中，一般预算收入25.16亿元，增长41.5%。实现税收收入13.05亿元，非税收入12.11亿元，分别增长14.2%和90.5%。财政支出126.38亿元，增长21.4%。其中，教育、社会保障和就业、医疗卫生等支出均呈20%以上的增长。年末金融机构各项存款余额443.52亿元，比年初增长21.9%。金融机构各项贷款余额185.48亿元，比年初增长15.8%。农村信用社、长行村镇银行新增贷款15.9亿元，占全部金融机构新增贷款的63%。

财政金融，数字看恩施：2011年地方财政总收入71.95亿元，比上年增长28.6%。其中，地方一般预算收入31.89亿元，增长22.2%。地方一般预算收入中，税收收入25.33亿元，增长22.4%。全年地方一般预算支出162.14亿元，比上年增长24.9%。其中，一般公共服务支出21.76亿元，增长26.3%；教育支出23.62亿元，增长14.5%。年末全州金融机构人民币存款余额580.63亿元，比年初增加113.6亿元，增长24.3%，其中城乡居民储蓄存款余额308.07亿元，比年初增加52. 7亿元，增长20.6%。金融机构人民币贷款余额306.84亿元，比年初增加57.14亿元，增长22.9%。年末城乡居民人均储蓄存款余额7680元，比上年增加1256元，增长19.6%。

这些数字是枯燥的，但这些数字又是鲜活的，它雄辩地说明：土家人的经济生活在全国位居中游，在55个少数民族中又位居前列！

835万土家儿女，即将迈向2020年的小康社会！

第二节　多元的神灵　灵魂的原乡

土家人的精神世界里，供奉了哪些伟岸的神灵？

那些潜伏在土家人灵魂深处伟岸的神灵们，他们的原乡又在哪里？

这是一个非常艰涩的哲学命题，让人忆起楚国屈原大夫的“天问”。

虽是土家人的“天问”，但我们不能停下发现的脚步，不能放弃探索的努力。让我们开始神奇的土家人精神世界之旅吧！

在很久很久以前，蒙昧的土家先民折服于风雨雷电的恐惧，惊叹于花草树木的枯荣，感恩于鸟兽虫鱼的恩赐，所以他们坚定地认为：万物皆有灵，自然必崇拜！

土家人的树神崇拜，宋人李昉《太平广记》就有记载：“（唐）开元初，巴人百余自褒中随山伐林，至太白庙。庙前松树百余株，各大数十围，群巴喜曰：‘天赞也’！止而伐之。已倒二十余株。有老人戴帽拄杖至其所，谓巴曰：‘吾乃太白神也，已倒者休，乞君未倒者，天宜作意。’巴等不止。老人曰：‘君若不止，必当俱死，无益也。’又不止。老人乃登山呼‘斑子’，倏尔有虎数头，相继而至，噬巴殆尽，惟五六人获免。神谓之曰：‘以汝好心，因不令杀，宜速去也’。其倒树至天宝末尚存。”巴人滥伐古木，被太白神呼群虎咬死，血的教训，让唐开元年间的巴人对松树神崇拜不已。

不仅如此，光绪《湖南通志·述异志》另载楠木神崇拜：“土人相传，丛阳潭有楠木神，每遇大旱，约百十人划船杀狗，绕江祭祷。辄有红光烛天，雷电交作，风雨骤至，俄而散。”这位楠木神发力何其了得：红光烛天，雷电交作，风雨骤至。土民岂敢不服？土民岂敢不拜？为什么楠木神会动雷霆之怒呢？或许因为土司王们无休无止地向朱明皇帝们“献大木”。明武宗正德十三年（1519年），仅永顺宣慰司使彭世麒一个土司王就献大楠木470根！一根大楠木，数人合围，重数千斤，从湖南永顺司衙运到北京，时山路，时水路，行程数千里，彭土司王劳多少民？伤多少财？“献大木”干什么？修故宫，修十三陵！彭世麒献大木，无异于秦始皇修长城，天怒人怨啊！

树神崇拜，延续到今。每当除夕之夜，恩施土家族苗族自治州土家农人，都要点着火把在自家果树上砍几个小缺口，放上腊肉块，在

树根处倒一杯烧酒，敬树神，给果树“过年”。湘西州土家农人，在除夕之夜给自家果树捆扎纸钱，刀背敲树，人树问答：“明年结不结果?”“结。”“结得多不多?”“结得多，像甑子饭团。”“甜不甜?”“甜得很，像蜂糖一样甜。”生态文明，美丽中国，需从古代开始，需现代接续，子孙之福不可割断也!

土家人的猎神崇拜，源于土家先民渔猎习俗。春秋时期，巴人分支“板楯蛮”，就是大名鼎鼎的“猎虎蛮”：以虎皮为衣板，是为“板”；以虎皮为盾，是为“楯”；食虎肉，饮虎血，是为“蛮”。《永顺府志·风俗志》载曰：“永邑民俗短裙椎髻，常喜渔猎，食膻。”“喜渔猎”与“食膻”之俗流传千年，自然“猎神崇拜”之习也延续千年。大湘西土民猎神为“梅山神”（恩施土民猎神为“张五郎”），梅山神的神位超级简陋，常常是三块砖石搭成一座小小庙，置于山口或吊脚楼右侧，出猎前夜悄悄祭之。围猎大湘西土家族人叫“赶仗”，祭完梅山神，猎人们先看山，根据山势地形“设卡”，枪法最佳者堵“主卡”，其余人堵岩洞或山谷。堵完卡就“查脚迹”、“辨兽粪”：新脚印土色新鲜，泥土未板结。红薯地里有新土，定是野猪刚过。苞谷地里新棒子满地，定是猴子来过。青苗地里有小小圆粪蛋，周围定有野兔出没。所以猎户说：脚迹新，快撵莫消停。脚迹老，肉走了。查完脚迹还可“听声响”、“闻气味”：噼噼啪啪响不停，定是豪猪林中行；咔嚓咔嚓响不停，定是野猪地里行；咕咕嗒嗒叫不停，定是野鸡已发情。猎户说：老虎林中过，臭布味熏死人，横打野猪直打虎。打虎要胆，打猪要转，打麂等坳（卡），打鲮（穿山甲）挖眼。20 世纪 70 年代末，家贫无肉，十五六岁正长身体的我与姨夫多次上山“赶肉”。姨夫是退伍军人，枪法好，分工堵主卡。终于有一个秋天，我们在后山发现一头二百余斤的野公猪。刚堵好卡，野猪就像箭一样从山那边射来，姨夫一鸟枪，野猪仆地未死。猎犬吠至，野猪起而狂奔，我与众饥饿山民狂追，翻过一山又一山，越过一水又一水，大约追出20余里，追了一个小时，野猪终于气绝血尽而亡。那次姨夫分得野猪头，我们二十余人见者有份，各分得十余斤新鲜野猪肉。五条猎狗分得野猪内脏。回家前姨夫用野猪头血抹在梅山神庙上，感谢梅山神的恩赐。当天夜里我们用干辣椒和柑子树叶爆炒野猪肉，文火炖两小时，一年不知肉味的我吃到了一生最香、最美的炖野猪肉，三十余年过去还不能忘怀！但一想到“一猪、二熊、三虎”的猛兽凶残排名榜，现在后脊梁还时而发凉！

土家人喜欢捕鱼，古风使然。武陵土家地区，有澧水、溇水、酉水诸“水”，有郁江、清江、阿蓬江诸“江”，江水里有鲤、鲢、鲫、鳊诸鱼，溪沟堰塘里有鳖、蟹、黄鳝、泥鳅、青蛙、水蛇诸物，因而古往今来捕鱼之风颇多诗意。唐人段成式《酉阳杂俎》记载巴人“擂鼓取扬鱼”就极有创意：江河之上擂大鼓，鱼儿闻鼓声惊而跳出水面，渔人用背笼、簸箕接住船载而归。武陵地区江水中打鱼，历史上多用鹭鸶捕鱼。一江清水，两岸画壁；一个渔户，蓑衣斗篷；一叶扁舟，几尾鹭鸶。鹭鸶们脖子被渔人系了绳套，在江水中合力抓来活鱼，浮出水面，活蹦乱跳的鱼儿献给渔人，就像臣民晋献皇上，纯纯生态的捕鱼啊！因此土家骚客们也按捺不住诗情：“澄江州里鹭鹚飞，

土家族古老的渔猎方式

（钟以福摄）

斜日王村打鱼归。争报码头新涨价，桐花落后刺鱼肥。”当然，渔获不易，勿忘江神：“丹崖齿齿石粼粼，结构渔梁据小津；看取赤鳞刚六六，先教头尾祭江神。”

大自然是“衣”，大自然是“食”，但大自然不是“父母”！土家人从哪里来？土家人的父母是谁？土家人父母的父母又是谁？这些祖先崇拜之问题，或许就是土家人心中千年的“天问”！

土家人有史可查的远祖是廪君。祖灵圣地在今湖北长阳武落钟离山。“廪君死，魂魄世为白虎。巴氏以虎饮人血，遂以人祠焉。”所以，“白虎崇拜”，自然就是祖先崇拜之原乡。潘光旦先生认为，从白虎神到白帝崇拜，经历了三个阶段：白虎神阶段。楚国大词人宋玉《招魂》说：“魂兮归来……得人肉以祀，以其骨为醢些。”宋玉所招屈原之魂，就谈到巴人之陋俗“人祠”。后从南北朝到北宋，史载三个用人祭白虎神之酷例，地点分别为今河南桐柏、湖北均县和湖南麻阳，都是古代巴人活动的地盘。人祠之陋俗，到明代始以“牛祭”代替。这是历史的迟钝！

白帝阶段。唐开元年间，太白山神可以呼“斑子”（老虎）食人，白虎神就幻化为太白山神了。明人陈继儒《虎荟》所载甚详：“所在山神将虎来到吾前，乃存吾肺中。有白帝出，取虎两目，塞吾下部中。”白虎与白帝在此已人虎同体了。

白帝天王阶段。传说白帝天王庙神有白、红、黑三张面孔，《水经注》和《奉节县志》皆有记载。今永顺土家人民间传说，族祖一为“铜老虎”，二为“铁老虎”。今保靖土家人民间传说，族祖一为“飞山虎”，二为“过山虎”，三为“爬山虎”。恩施土家人至今相信虎有灵：坐堂白虎是好神，每家都要敬奉。过堂老虎是坏神，会压死孩童，所以要求梯玛“赶白虎”，祛灾病。现在土家童帽上绣白虎图，是为白虎崇拜之遗风。摆手舞时，梯玛身系白虎裙，也是白虎崇拜遗俗。恩施土家族男服，也常绣白虎图案。2008年10月，湖南永顺首届茅古斯旅游文化节，王村摆手坪上，摆百桌“牛头宴”：大铁锅盛一大牛头，牛头上系红绸，牛嘴上衔着绿香菜，牛脸上插一长刀，场面极为壮观，颇有土司王大宴群雄之风，是为白虎崇拜遗俗也！

“白虎神”是猛兽神，只是先祖魂魄的幻化。那么，土家族真正食人间烟火的祖先又是什么呢？在湘、鄂、渝、黔土家族村寨，大都建有土王祠或土主庙。有资格享受土民香火的神灵，大都是在史上干过好事、行过德政的土司王爷。先看恩施州，来凤、咸丰、宣恩、利川一带土家人多供奉“三抚神”。何谓三抚神？同治《来凤县志》卷十九载：“三抚神，相传为三土司，生有惠政，民不能忘，故设而祭于乡社。”这个“三抚神”，就是覃、田、向三大土司王爷，因生有惠政，而香火不绝。

再看张家界市，张家界市土家族多供奉“向王天子”和“覃垕王”。向王天子据传为元末土王向大坤，因举旗造反称王，兵败在天子山跳崖，后人时而祭祀他：向王天子一只角，吹出一条澧水河。覃垕王是元末明初茅岗土司王，神告诉他密谋三年零六个月，鸡飞狗上屋时，屋前、屋后竹林都会变成他的“兵马”，那时，他只需射出三支神箭，定要了朱元璋皇帝的小命。结果覃垕王只等了三年，他的家人就等不及了，把鸡赶飞了，把狗赶上屋了，覃垕王三支神箭也射出了，但只射到朱元璋的洗脸架上。屋前、屋后的竹子也爆炸了，一根竹子，就是一个（匹）未成形的人与马。覃垕王最后被他的女婿出卖了，农历六月初六被剥了皮，身上还有九条似隐似现的肉龙。所以张家界覃姓土家人农历六月初六要“晒龙袍”，主祭覃垕王，数百年不废，不绝香火！

再看重庆黔江区。重庆秀山多为土主庙，为什么呢？因为土主庙，乃秀山田氏先人也。同治《增订酉阳直隶州总志》卷九载曰：“田氏之

先为九江、苗江、小江酋首，故曰‘土王’。王最灵，春秋二祀。虽田氏子孙主之，土人无不咸集。”秀山一年祭两次土主，名义上是祭田氏土主，但实际上是其他土家人共祭。

最后看大湘西。大湘西土家族主祀哪些祖灵呢？大湘西主要祭三大祖灵：彭公爵主彭士愁、田好汉和向老官人。彭士愁作为于唐末五代，后梁开平四年（910 年）袭司职，是溪州土司八百年基业的开疆拓土者。后晋天福四年（939 年）与楚王马希范打了著名的“溪州之战”，立下溪州铜柱。死后化为大神，被土民们拥戴了 1000 余年。田好汉与向老官人，从称呼上就知道是彭土司王的“哼哈二将”，只是聪明透顶的彭土司王为了笼络上、中、下溪州的田氏家族和向氏家族，把他们硬拉进自己主尊的神庙里。除了上述三个祖灵神，大湘西土家人同时还信奉“八部大王”。所谓八部八王，实际上就是八大溪峒首领，土家语称为“熬潮河舍”、“西梯佬”、“里都”、“苏都”、“那乌木”、“西可佬”、“拢此也所也冲”、“接也飞也那飞列也”。有这八个名字古怪的大王陪侍在彭士愁之神庙，这位彭公爵主也就不再寂寞了。

因为羁縻政策，因为改土归流，因为汉地流民縻至，混血的土家人也信奉佛教。湖南永顺县不二门，就是土家人信佛的物证。不二门位于湖南永顺县猛洞河畔，距县城灵溪镇 1.5 公里，总面积 30 平方公里，是湖南省内著名的佛教圣地。不二门建于清朝初年，清乾隆帝题有律诗，嘉庆皇帝题有牌匾。不二门源于佛法禅语“不二法门”，其佛教建筑地藏庵、嵩山堂、水府阁、洗心池、尼姑庵、莲花坞颇有清式风格，主尊大神是观音菩萨，至今仍是土家族核心地区的佛教圣地。

土家人另一信奉佛教的物证，就是贵州铜仁地区梵净山。梵净山位于贵州印江、江口、松桃三县交界处，海拔 2494 米，为武陵山主峰，是联合国“人与生物梵净山蘑菇石圈保护区网”成员，总面积 567 平方公里。梵净山是土家人聚落区有两千多年历史的文化名山，早在春秋战国时期，梵净山就属于楚国“黔中地”，秦朝属“黔中郡”，汉代属“武陵郡”。梵净山正式载入史册，见《汉书·地理志》，称为“三山谷”。唐开元四年（716年）在梵净山西麓设立“思邛县”（今贵州印江土家族自治县），宋代《太平寰宇记》改称为“思邛山”，佛教正式传入。自此，梵净山成为“武陵蛮”心灵中的神山和圣山。

土家人的精神世界中，不仅有释迦牟尼、弥勒佛、观音菩萨、四大天王、一〇八个罗汉的牌位，也有玉皇大帝、太上老君、全真道人、张天师的位置，他们还不时炼点长生不老的仙丹。在《列仙传》中，有个巴人名为“赤斧”，也入列炼丹的神仙之列：“赤斧，巴人也。能炼丹砂，与硝石服之，身体毛发尽赤。”这个巴人“赤斧”，应该是巴人最早、最勇敢的“化学家”和养生专家，把自己弄得“毛发尽赤”，就像一个红毛大仙，那需要付出生命的勇气！由于巴蜀之地盛行巫鬼，东汉末年，太平道道首张角之得意门生张修，在巴郡推行过“五斗米道”，还自封为“教主”（鬼主）。张陵又袭承张修“五斗米道”而创“天师正一道”，因此，史载“夷事道，蛮事鬼。”我们可以理解为巴夷廪君白虎一族是天师正一道；晏殊《类要》载“白虎事道，蛮与巴人事鬼”，我们可以理解蛮和巴人所事为五斗米道（巫鬼教）。更搞笑的是，巴人曾经为让寡妇禁欲而服食丹砂，保持身体清白，还为寡妇筑过“怀清台”！道教之禁人欲，可见一斑了。湖北鹤峰、五峰和湖南桑植、石门诸县所信奉的“大二三神”，就可看出道家“道生一，一生二，二生三，三生万物”的影子：老大左手托天，右手叉腰，涨得满脸通红，因此被称为“红脸大人”；老二两手顶天，不能走动，被烟火熏成了“黑脸大人”；老三脚踏白石以头顶天，脸上沾满了白灰，成了“白脸大人”。三兄弟为女娲完成了补天的伟业，因而得尊后世香火。现在，土家族堂屋中所立“天地君亲师”牌位，可知是道教之遗风。梯玛主司摆手舞时，或跳撒叶尔嗬时，所穿的法服长袍和所持的法器

八宝铜铃，都明显具有道教法器的特征。

近代，我们不可回避的是，随着坚船利炮轰开了清朝国门，基督教，也在湘、鄂、渝、黔边区静悄悄地传播了。在张家界市永定区（原大庸县），现有数十座教堂，十字架在青山绿水中熠熠闪光。每当弥撒时刻，信徒们都要默默地祷告，祈福人人心中的上帝。土家人的精神世界里，又新添了一位主神——耶稣基督！

中华人民共和国宪法规定：公民有信教的自由，也有不信教的自由。在土家公民的精神世界，因人、因地、因时而异，供奉的是多元的神灵。因为“多元神灵”的存在，生性剽悍的猎虎民族土家族才求得内心深处的那份宁静，才知温、良、谦、恭、让。土家公民的灵魂才有可以救赎的原乡，才不会让困扰全人类的“天问”弄得癫狂！

心香一瓣，敬祀高高在上的土家神灵们！

第三节　兴汉学　厚人伦　美教化

教育，关乎一个民族的智与愚；科技，关乎一个国家的慧与钝。十年树木，百年树人！

自远古以降，土家人受楚文化影响极深，五溪诸蛮“其俗少学而信巫鬼”，哪有时间关心土民教育呢？土民们只能像武陵山里原生态的林木、草虫、鸟兽，自由自在地生长，又自由自在地消亡！

李唐王朝对土家聚落区实行“羁縻政策”，只在汉、土交界处设立几所学校，召“溪蛮子弟入学”。于是，蛮酋贵胄子弟，便开始有了入“汉学”的机会。而土民子弟，依然只能小草一样枯荣，鸟兽一样生灭。

唐高宗李渊武德初年，庸州人（今贵州沿河、德江一带）田宗显，就是得以入大唐帝国汉学的幸运儿。田宗显入了大唐汉学，自然也就受了唐诗教化，兴之所至，也能咏点小诗、作点小赋了。田宗显有诗云："石马归槽生得好，风水处处有峥嵘。一程来自石马地，鱼水之乡好安身。"比起同朝的诗仙李白、诗圣杜甫，田宗显这首诗充其量只能算不入流的打油诗。但对自小用母语且无文字传承文明的边地蛮酋子弟来说，这已经是"沧海桑田式"的进步了。所以唐高祖任命田宗显为宣慰节度使，辖今贵州沿河、德江、印江、思南、石阡和重庆酉阳等地，官做得居然比李、杜都大，让大唐子民也羡慕嫉妒恨！

唐初还有一个青年才俊夔州人冉仁才，少年就入汉学，小荷才露尖尖角，唐高祖武德二年（619 年）就任浦州刺史，食邑三千户。唐太宗贞观六年（632 年），调任澧州刺史。唐高宗永徽二年（651 年），又调任永州刺史。一个蛮酋才俊，侍奉过大唐三朝皇帝，在唐史上也算得上是奇迹了。

赵宋王朝政治上依然沿袭李唐王朝"羁縻政策"，但教育上开始实行"书院教育"，并对蛮酋们"开科取士"。宋哲宗元祐三年（1088 年），施州人詹邈，在进士考试中居然考中"博学宏词科"状元！这一个施州边地蛮酋有如此不俗的成绩，实属祖坟冒青烟了。宋哲宗元祐年间，施州人向九锡、向中元也考中进士，进入赵宋王朝的主流社会了。

《思南府志》记载：土家聚落区最早的书院——鸾塘书院，就建于南宋赵高宗绍兴年间（1131～1163 年）。这个南渡杭州后的小皇帝赵构所建的鸾塘书院，虽不如同时代的岳麓书院那样名震天下，但也引导不学无术、只好舞刀弄枪的蛮酋们开始"尚经籍"、成"儒士"了。溪州土酋彭仕羲、彭师晏，高州刺史田彦伊、思州土知州田祐恭、柿溪州宣抚使向克武等皆先后成为"尚经籍之士"，难得，实在难得啊！

但赵宋王朝这种"书院教育"是非强制性的，土酋们"开科取士"，也是"玩票性"的。土民的教育，仍然处于蒙昧阶段。真正对

“土司教育”动真格、玩狠的，是明太祖朱元璋。这个叫花子出身的大明开国皇帝，一下子就抓住了土司王的命脉：不入汉学，不准承袭司位！明洪武十二年（1379 年），明廷下命诸土司立县学，巴东、长阳两县土酋最先响应。明成祖永乐五年（1407 年），立酉阳州学；永乐六年（1408 年），酉阳土司又立酉阳宣慰司学。《明史·湖广土司传》这样记载：“弘治十年诏，土官应袭子弟悉令入学，渐染风化，不入学者，不准承袭。故永顺司亦尝从学。”这也证明明孝宗弘治十年（1498 年），奉天承运，皇帝诏曰，皇命一出，如山如铁，顽冥不化的土司王概莫能违。永顺土司彭元锦乖乖地建“若云书院”，让其子弟亲朋入学就读。容美土司田楚产也立马为“官舍子弟及民间童稚置塾延师以教之”。保靖土司彭象乾更是负笈远学：“寄学于酉阳司学。”明廷这一狠招，让土司们离自己的文化远了一步，离汉文化近了一步。

何以言之呢?

明廷一立县学，乡巴佬土司们也就开始“通经史、解音韵”了。湖北五峰土司张之纲“工四六诗”，弄刀舞枪的粗手居然能握笔写诗！湖北容美土司田沛霖“富于文辞，章疏笺答，千言立就”。田沛霖这个“千言立就”，还真有“李白斗酒诗百篇”的大家范儿！永顺土司彭明道“不慕荣利，隐居白竹山，著有《逃世逸史》”。彭明道这个“隐居白竹山”，也真有点陶渊明的魏晋风度了。比较全才的是保靖土司彭鼎，他“解音律，善丹青，其三公、五马、十鹿诸图，精细如神。知医理，每年必以百余金制药，解民间疾苦”。彭鼎彭土司王，诗、书、画、医全才，其风骨、其才学，不亚于同朝艳点秋香的江南四大才子唐寅唐伯虎了。

但土家聚落区教育真正“革命性的变革”，还要从雍正王朝改土归流开始。

清廷改土归流，不仅废了土司王的军队，还大兴土木，大建学校。

官办学校，就设有府、州、县学。先看湖北境内，施南府学宫，乾隆三年（1738 年）建立于象牙山；宣恩县学宫，乾隆六年（1740 年），以废土司衙署改建；来凤县学宫，乾隆五年（1740 年）建立于县城东街；咸丰县学宫，乾隆五年（1740 年）建立于县城西街。建立官学之时，清廷还定下考生名额："施南府学额，文学八名，武学四名，廪生四名，增生四名。"湖南境内，雍正十一年（1734 年），永顺府学建立，设教授一员，下辖四个县学，各设训导 1 员，同时建学宫、学署。府学既然建立，又有什么义务呢？府学的义务就是定时向清廷输送贡生："府学准其两年一贡，县学三年一贡。其廪膳、发贡、花红、科举、盘缠、全试、长夫各项银均照例动支。"

官学如此，民办义学又当如何？

如果说官学主要教育贵族子弟，那么义学主要教育平民子弟。雍正八年（1731 年），湖南保靖建义学四馆；乾隆六年（1741 年），永顺县设义学三馆，保靖县设义学四馆，龙山县设义学二馆，桑植县设义学三馆；嘉庆十一年（1807 年），又建义学十四馆。每一馆，一年领银十六两，这就是清廷"中央财政"给土家地区下拨的"教育专款"啊！

除了民办官助"义学"，土家聚落区民办书院也遍地开花。摩云书院，乾隆四十四年（1780 年）建于重庆彭水县城；钟灵书院，乾隆二十二年（1758 年）建于重庆酉阳州钟灵山；龙地书院，乾隆二十七年（1763 年）建于重庆酉阳龙潭镇。凤台书院，嘉庆二十四年（1820 年）建于酉阳县城；蔚文书院，嘉庆十三年（1809 年）建于湖北咸丰县。诸多书院，也让贫寒子弟有了去处，堪称清廷对土家草根的一大贡献。

清廷既设官学，又倡义学，那么课程主要教授哪些内容呢？同治《秀山县志·校志》所载甚详："日讲四书周易，折中书经传说汇纂、诗经传说汇纂、春秋传说汇纂、三礼义疏、孝经注、性理精义、十三

经注疏、二十一史、明史、朱子全书、资治通鉴纲目、三编唐宋文……”概括起来，主要是中国传统文化，中国传统伦理学，学生们皓首也难穷经啊！从上述科目可以看出，纵贯清朝，土家人教育是没有代表近代文明的数学、物理、化学等科目的，土家地区科技落后，也是有历史渊源的，因为那时教育的目的就只有一个——科举考试。乾隆《永顺府志·檄示》卷十一详载：“永顺府城建考棚一所，照例岁科两试。府学各取12名，县学各取8名。”值得一提的是，清廷当时还实行了“民族优惠政策”：“永（顺）、保（靖）、龙（山）三县，亦多取土童，少取客童。以土三客一为率”。当年桑植县科举录取8名贡生，客民只有2名，其余6名，俱取土民。这在276年前的乾隆王朝，不能不说是一大创举呢！

1901年，被帝国主义坚船利炮揍得找不着北的清政府终于开始实行“新政”：废除科举，兴办学校。1902年以后，新式学堂开始在土家地区滋长如林：1910年，恩施县有中学堂2所，学生263人；实业学堂3所，学生184人；普通学堂26所，学生842人。一个恩施县尚且如此，武陵山区学堂之多，就可以窥一斑而见全豹了。特别有趣的是，女子学校也在武陵山区诞生，1907年，巴东县就设立2所女子高级学校，1911年，永顺县就设立1所女子学校。男女授受不亲，延伸到清末的国民教育中！

民国时代，他们怀揣“科技救国”的梦想，远赴重洋接受现代科学的教育。新中国时代，他们施展自己的超人才华，为新中国的科技事业勇挑大梁。中国科技史不会遗忘这两个土家族的科技精英：李烛尘和陈能宽。

李烛尘，土家族，1882年9月16日生于湖南永顺县毛坝寨。青年时期，他进入日本东京高等工业学校电气化学科学习，钻研化工专业。回国后创办天津久大盐业公司，是中国化工业的奠基者。1949年，新中国甫立，他将一手创办的公司和个人全部财产捐献给年轻的新中国，当选为全国政协常委，全国工商联副主任委员，中国民主建国会中央副主任委员，上了天安门城楼，参加了开国大典。1956 年，李烛尘任国家食品工业部长，为新中国四亿人民“吃饭问题”殚精竭虑；1958 年，李烛尘任国家轻工业部长，又为新中国四亿人“穿衣问题”呕心沥血。1964 年，他当选为全国政协副主席，1968 年病逝于北京。

中国化工业的奠基者——李烛尘

（图片提供：文仕工作室）

陈能宽，土家族，1923 年生于湖南张家界市慈利县。1946 年，他毕业于国立交通大学贵州分校，远赴美国长青藤名校耶鲁大学学习，1950 年获得物理冶金博士学位。1955 年，他放弃在美国的高薪厚禄，追随中国原子弹之父钱学森回到新中国，参与我国第一颗原子弹、第一颗氢弹的研制工作。1986 年，陈能宽任核工业部科技委员会副主任；1988 年，他又兼任国防科工委科技委员会副主任。让全体土家人骄傲的是，1982 年，这个张家界山里人获得“国家自然科学一等奖”。1986 年，他和邓稼先两人获得“国家科技进步特等奖”。这是党中央、国务院对原子弹技术突破和武器化、氢弹技术突破和武器化的最高奖励。正是钱学森、钱伟长、邓稼先、陈能宽他们这一批杰出科学家的不懈努力，中国人真正屹立在世界的东方。1999 年，陈能宽获得“两弹一星功勋奖章”。中国现代科技史，定会大写这位土家族的金属物理学家、核科学家、中国科学院院士。

让我们回到 60 多年前百废待兴的中华人民共和国……

新中国国民教育以湖北长阳县为典型案例。1949 年，长阳县仅有

小学 160 所，296 个班，学生 7772 人。1957 年，长阳县小学发展到 425 所，851 个班，学生 31099 人，小学生总数比民国时代增加 4 倍。1949 年，长阳县仅有初级中学 1 所，6 个班，学生 169 人。1957 年，长阳县初级中学发展到 3 所，22 个班，学生 1122 人。1949 年前，长阳县没有高中，高中教育还为零。1958 年，有 2 个高中班招生。特别值得一提的是：数学、物理、化学开始进入国民教育体系，为土家族地区的科技文明打下了地基。这就是新中国成立初期长阳一个县的学生教育！

职业教育又是如何呢？1953 年，县政府组织 60 名县机关干部学习初中语文与小学数学，补科学的课。1955 年，县政府又举办区乡 230 名干部文化脱产学习班。1950 年，县政府组织 52 865 个农民上冬学。1951 年，又集中培训 500 名民办教师。这就是新中国成立初期长阳一个县的职业教育。

走进新时代，2011 年，共和国成立 62 周年了。土家族地区的教育科技现状又如何呢？

教育科技，数字看湘西：2011 年，全州有大专院校 3 所，中等职业学校 31 所，普通中学 184 所，小学 688 所。小学入学率为 98.7%，小学升学率为 90.3%。初中升学率为 65.3%。全州平均每万人口在校学生数分别为大学 75 人、中等专业学校 101 人、普通高中 150 人、初中 371 人、小学 800 人。全年共组织实施州级以上科技计划项目 126 项，其中，国家项目 11 项、省级项目 53 项、州级项目 62 项；投入科技引导资金 3460 万元；州以上各类科技计划项目共实现产值 10.5 亿元，利税 2.6 亿元。全州高新技术产业实现产值 39.52 亿元，全年共组织实施农业科技计划项目 22 项，完成国家专利申请量 386 件，新培育技贸机构和科技中介组织 13 家。

教育科技，数字看恩施：据 2011～2012 学年初统计，基础教育方面，共有学校1123所，教学点484个，校舍面积432.07万平方米，招生数17.26万人，在校学生52.16万人。学龄人口入学率小学为100%，初中为99.58%，高中阶段毛入学率75.01%。高等教育方面，全州普通高校2所，普通高校招生7735人，在校生2.41万人，毕业生6865人，教职工1836人。全年共争取省级以上项目62项，资金1725万元。全州生产高新技术产品的企业17家，共有高新技术产品21个。高新技术产业增加值2.42亿元，占规模以上工业增加值的2.96%。全年申请专利244件，其中发明专利97件，企业专利84件。

湖北恩施土家族苗族自治州梨树小学的土家族学生　（图片提供：CFP）

这些史实说明：土家兴汉学，历史久长……

这些教案说明：土家厚人伦，历史久长……

这些数字说明：土家美教化，历史久长……

第四节　文化融合　活色生香　美轮美奂

土家文化，历千年而弥新，历千年而弥壮，历千年而弥美，土家文化如此发达的秘密何在？

我们如果要发现土家文化兴旺发达的秘密，就要探讨一下土家文化的“基因组织”，并且按照这种基因组织来“排序”，最终发现土家文化的血缘关系。

根据学界主流观点，土家人是“巴人”之后，巴文化对土家族文化的影响，自当排序第一。巴文化的尚武精神，从先祖廪君掷剑称王就可见一斑。汉高祖刘邦极为欣赏巴人的“锐气喜舞”，特令宫廷乐人仿制“巴渝舞”，后世《华阳国志·巴志》记载：“巴有将，蜀有相也！”巴人的潜意识里，潜伏着“胜王败寇”的丛林法则；巴人的血液里，自然奔涌着尚武的基因！巴文化中的“信道事鬼”精神，在东汉末年就有记载：“夷事道，蛮事鬼。”这个“事鬼”之蛮，就是巴郡南郡蛮的五斗米道“鬼主张修”。那时，巴人还尚赤色，炼丹砂，像秦始皇那样求长生不老之药。在古代巴人的精神世界里，“巴蛇食象，三岁而出其骨”，这是巴人的蛇崇拜传说。这条可吞大象的“巴蛇”，是一条青首的大黑蛇，吞了大象，三年后才吐出象骨！因为廪君死后魂魄化为白虎，巴人还干过“以人祠虎”的恐怖事情。这些都是土家族文化中的主流的巴文化基因。

土家族文化基因组织中排序第二的当数“楚文化”。由于土家先民巴人历史上处于楚国与蜀国两大强国之间，楚国又是“泽国”，俗信巫鬼，重人祠，文化基因里有许多可重合的部分，楚人的凤鸟图腾就深深地影响了土家人的凤鸟崇拜，土家摆手舞中就绣有龙凤的旗帜。楚人的崇火尚赤，也深深地影响了土家人的火神崇拜和太阳神崇拜，土

家族薅草锣鼓中，就多有“迎太阳”、“祝太阳”、“送太阳”颂词。楚文化影响土家族文化基因，有宋代大诗人欧阳修诗为证：“楚俗岁时多杂鬼，蛮乡言语不通华。游女髻椎风俗古，野巫歌舞岁丰年。”

土家族文化基因组织中排序第三的当数“中原汉文化”。且不说后文将详论的巴人竹枝词如何受大唐帝国旅居巴地或谪居巴郡的大诗人白居易、刘禹锡、顾况、李涉、孙兴宪诸人之影响，仅举谪居巴郡的刘禹锡一人为例，《旧唐书》卷一六〇详载：“蛮俗好巫，每淫词鼓舞，必歌俚辞。禹锡或从事于其间，乃依骚人作为新辞，以教巫祝。故武陵溪峒间夷歌，率多（禹）锡之辞也。”刘禹锡这个汉地“骚人”，就是以巴人“淫词”为母而创作出流芳千古的十首《竹枝词》。明末有汉人孔尚任名剧《桃花扇》，在汉地那是老少皆宜、如雷贯耳的时尚名剧，湖北容美土司田舜年先生居然原剧搬入土司衙内排演：“初学吴腔，略带楚调，男优皆秦腔，反可听，所谓柳子腔是也。”明朝末年，土司王就在上演汉戏《桃花扇》，而且演技居然“旖旎可观”，汉地朋友来司衙游历，土司每宴必奏《桃花扇》，汉文化渗透进土家族文化的血液里，这绝不是孤例！

土家族文化基因中排序第四的当数“乌蛮文化”。乌蛮是远古黄帝时代的虎方族，在春秋时被楚国打败了，大举南迁云、贵、川，与土著羌人结合而为乌蛮。唐人樊绰《蛮书》记载：“西爨，白蛮也；东爨，乌蛮也。”唐朝末年，乌蛮又被打败了，他们又被迫北迁进入黔东北和大湘西。乌蛮对土家文化的影响主要在两个方面：一个就是乌蛮贱白虎，影响了大湘西土家族的“赶白虎”习俗：“白虎当堂坐，无灾必有祸”，所以要“赶白虎”求吉利。一个就是土家族的语言。土家语经过严学宭、王静如、罗常培、罗安源、廖娇婧诸多语言大家鉴赏，认为属于“藏缅语族彝语支”，追根溯源，应是“乌蛮”，而“乌蛮”又是当今“彝族”的祖先，而“彝族”中又以“黑彝”为贵。黑者，

乌也！

土家族文化基因中排序第五的当数“越濮文化”。史载，西周初年，巴、濮、邓、楚都同居于周室王畿之南，唯越濮居地在今湖北秭归至四川奉节一带，史称“归夷”。春秋前期，巴、濮两族“哥俩好”，都在江汉流域生生不息。后来受压于强邻楚国，濮人向东南迁移，入今浙江、福建一带为山民。巴人向西南迁移，入今重庆、贵州一带为山民。越濮文化对土家文化之影响，主要有以下三个方面：濮人椎髻习俗。《永顺宣慰司志》记载明朝土家人服饰习俗：“男女垂髻，短衣跣足，以布勒额。”这个“男女垂髻”，就是越濮遗风遗俗。清朝土家人男女必须编发，否则砍头；至民国时，土家人男女剪发，否则不是“革命党”。二是濮人悬棺习俗。唐人张鷟《朝野佥载》所载极为翔实：“五溪蛮，父母死，于村外阁其尸，三年而葬。打鼓踏歌，亲属饮宴舞戏，一月余日，尽铲为棺，于临江高山半肋凿龛以葬之。山上悬索下柩，弥高者以为至孝，即终身不复祀祭。”濮人丧葬习俗，极大地影响了土家人的悬棺葬俗，还有撒叶尔嗬舞蹈。三是濮人干栏居俗。濮人后裔到魏晋时期“依树积木，以居其上，名曰‘干栏’。干栏大小，随其家口之数”（《魏书》卷一〇一）。通俗点说，土家先民民居吊脚楼，源于越濮之“干栏”。这是划时代的进步，已经彪炳史册！

从土家文化的基因组织排序，我们可以得出这样一个结论：土家族文化就是融合文化。正因为如此，土家族文化才如此美丽，她才如此馨香，她才如此温润，她才如此天保九如！

一脉相承，博古厚今，让我们一睹活色生香的当代土家族文化吧！

土司王好吟《竹枝词》，延续到当代，土家族作家文学就枝繁叶茂，硕果累累。新中国成立 60 周年，以黄永玉、汪承栋、孙健忠、李传锋、叶梅、杨盛龙、蔡测海、彭学明、刘文武等为代表的土家族作家群在民族文学创作中颇有建树。

孙健忠，男，土家族，1938年生于湖南省吉首市，代表性中短篇小说为《乡愁》、《甜甜的刺莓》。长篇小说《醉乡》，荣获第二届少数民族文学创作一等奖。

李传锋，男，土家族，1947年生于湖北鹤峰县。曾任大型通俗文学刊物《今古传奇》主编，湖北省文联副主席。长篇小说代表作《最后一只白虎》，全面描述了土家人的精神信仰。

叶梅，女，土家族，1953年生于湖北恩施市，现为中国作协《民族文学》杂志社主编，中国作家协会会员，代表作《花灯，像她那双眼睛》。

杨盛龙，男，土家族，1953年5月生于湖南龙山县。1997年加入中国作家协会，杨盛龙散文以湘西为母体，兼及都市生活，代表作有《出山集》、《二酉散简》、《山乡小桥》、《走进都市唱民谣》。

蔡测海，男，土家族，1954年生于湖南龙山县。中国作家协会会员。《远处的伐木声》获1982年全国优秀短篇小说奖。代表作《麝香》获第二届少数民族文学创作一等奖。

彭学明，男，土家族，1964年11月生于湖南古丈县，现任中国作家协会创研部副主任。彭学明是继沈从文之后把大湘西神韵写活、写美的青年作家，代表作品有《鼓舞》、《白河》、《湘西女人》和《娘》等行于世，多篇作品被选入国家级中小学教材。

汪承栋，男，土家族，1930年生，湖南永顺县人。他以政治抒情诗与小叙事诗名于世，代表作为《雅鲁藏布江》、《拉萨河的性格》、《高原牧歌》、《雪山风暴》等，他是最受文学大师沈从文赞赏的“老乡诗人”。

黄永玉，男，土家族，1924年生，湖南凤凰县人。他以生活抒情诗为后人所知，代表作有《曾经有过那种时候》、《一个人在院中的散步》和《老婆啊，不要哭》。散文代表作有《比我老的老头》、《这些犹

豫的碎屑》、《太阳下的风景》、《无愁河的浪荡汉子》等行于世。

刘文武，男，土家族，1964年生，湖南桑植人，著名制片人，剧作家。代表电视剧作有《雍正王朝》、《走向共和》和《军人机密》等，热播海内外荧屏。

土司王雅好丹青，延续到当代，土家族画家也人才辈出，后继有人。老一辈画家代表人物黄永玉，曾任中国美术家协会副主席，中央美术学院教授。木刻代表作有《苗女》、《阿诗玛》等，工艺美术设计代表作有《猴》票、酒鬼酒瓶等，国画代表作有《湘西写生》、《子非鱼》等。2008年，国画《中国＝MC^2》斩获国际奥委会“奥林匹克艺术家”称号。2010年，黄永玉先生入选国家形象宣传片，是代表国家形象的50个中国人之一。

黄永玉作品 中国＝MC^2

（图片提供：CFP）

新生代画家苏高宇，男，土家族，1966年生，湖南吉首市人。当代大写意花鸟画家，擅画梅、兰、竹、菊、荷、玉簪、紫藤、荔枝、松柏和枞菌，画作有青藤之意，白石之风，被全国画廊联盟评选为中国当代最有市场潜力和学术价值的100位画家之一（位列第33位）。

李军生，男，土家族，1963年9月5日生，湖南张家界市人，现为张家界军生砂石画院院长。1999年，砂石画《武陵源风光》获中国昆明世界园艺博览会金奖。2003年，砂石画《古城》获中宣部“五个一”工程。2007年砂石画《遗风》获第三届深圳文化产业博览会文化创意金奖。

土家先民歌舞以凌，延续到当代，土家人歌出色，舞出众，曲悦人，娱人又娱已。在民族唱法方面，以李琼、阿朵、刘赛、土苗兄妹为代表；在民歌唱法方面，以何纪光、向佐绒、尚生武为代表；在词曲创作方面，以牟廉玖为代表；在编舞方面，以余大鸣、徐小平为代表；在影视艺术方面，以大美人许晴为代表。

歌手李琼，女，土家族，湖北武汉人。1999年央视春晚《山路十八弯》被全国观众评选为“我最喜欢的节目”二等奖。2000年《船工号子》参加央视春晚。个人音乐专辑有《李琼》、《妹妹的小酒窝》。被称为“土家族的百灵鸟”。

歌手阿朵，女，土家族，湖南永顺人。代表作《再见，卡门》、《宝藏》、《盛开》、《一人一花》、《烟雨凤凰》等。被誉为“土家族的夜莺”，集性感、时尚、野性于一身。

歌手刘赛，女，土家族，湖南桑植人，中央电视台《星光大道》2011年度冠军，代表作《龙船调》、《望月》、《月亮女儿》、《藤缠树》等，是土家残疾人自强不息的代表。

民歌手何纪光，男，土家族，张家界市人。代表作有桑植民歌《板栗开花一条线》、《挑担茶叶上北京》、《四季花儿开》等。

民歌手向佐绒，女，土家族，张家界市人。代表作有桑植民歌《冷水泡茶慢慢浓》、《十送红军》、《太阳出来照白岩》等。

民歌手尚生武，男，土家族，张家界市人。代表作有桑植民歌《桑植是个好地方》、《韭菜开花细绒绒》等。

词作家牟廉玖，男，土家族，1943年10月生，湖北利川市人。代表作《土家吊脚楼》获第十届青年歌手大奖赛优胜奖。《峡江情歌》入选2004年中国原创歌曲十大金曲。《土家女儿会》获第六届全国百家

电视台文艺节目金奖。歌词集有《八百里清江一路歌》。

影视艺术家许晴，女，土家族，北京人。国家一级演员，大众电影最佳女配角获得者，澳门国际电影节最佳女配角获得者，中国电视金鹰奖被评为观众最喜爱的女演员。她的美丽惊艳国民，号称“当代中国土家第一美女”。代表影视作品《边走边唱》、《皇城根儿》、《秦颂》、《笑傲江湖》等惊艳世界。

编舞余大鸣，女，土家族，湖南张家界市永定区人，现任第二炮兵政治部文工团副团长，中国舞蹈家协会理事，大校军衔。国家“文华导演奖”、“五个一工程奖”、“荷花奖”获得者，代表舞蹈作品有《望月》、《江山》、《春歌》、《山雀戏水》、《骄子从军》和《当兵阿哥回山寨》。

编舞徐小平，女，土家族，湖北恩施人。中国舞蹈家协会会员，中央民族大学舞蹈编导教研室主任、教授，2000 年，舞蹈《龙船调》获文化部、国家民委主办“孔雀杯”创作三等奖。2002 年舞蹈《妹娃要过河》获第二届少数民族舞蹈比赛金奖。2005 年，舞蹈《摆手女儿家》获第五届“荷花奖”金奖。

邰丽华，女，土家族，湖北宜昌人。中国残疾人艺术团团长，舞蹈家，CCTV“感动中国”2005 年度人物，国家五一劳动奖章获得者。代表作《千手观音》（领舞）、《雀之灵》等。

摆手舞传承人彭英威，男，永顺人。他领舞 2008 年北京奥运会暖场茅古斯舞。

西兰卡普传承人叶玉翠，女，龙山人，织绣作品曾送给毛泽东主席。

西兰卡普传承人叶水云，女，龙山人。温家宝总理曾经参观她编织西兰卡普。

……

他们，正是他们，当代土家族文化的精英们，为土家民族，为中华人民共和国国民，为世界友好民族，展示了活色生香、美轮美奂的土家文化。感恩你们!

群众文化，数字看湘西：2011年，湘西州有表演团体9个、文化馆8个、艺术馆1个、文化站167个、文艺研究所2个、文艺中专学校1所、博物馆7个、州级文物保护单位10个、公共图书馆9个。全年共创作各类文艺作品1200余件（幅），各类汇演获金奖21项、银奖18项、铜奖30项。开展各类群众文化活动3000多场次。全年送戏下乡演出624场，放映公益电影2.35万余场。组织申报了24个省级非遗项目和第三批国家级非遗项目代表性传承人11人，有9个项目入选第三批国家级非遗名录和扩展项目名录，国家级项目总数达到24个。土家织锦生产基地申报国家非遗项目生产性保护示范基地通过文化部验收。吉首、保靖、永顺、龙山荣获“全省非遗保护十强县”。花垣县被文化部授予“中国蚩尤文化研究基地”。有广播电视台9座，其中州级广播电视台1座，公共广播节目7套，全年制作广播节目5962小时，广播综合人口覆盖率为73.5%。有公共电视节目10套，全年制作电视节目5561小时，电视综合人口覆盖率为94.5%。有电视转播发射台11座，其中州级台2座，县级台9座，发射功率为22.75千瓦。有线广播电视用户30.9万户，其中农村有线广播电视用户11.44万户。开通数字电视21.26万户。全州有线广播电视传输干线长度1.08万公里。吉首、龙山、花垣、古丈、泸溪等县市推进无线数字电视覆盖工程，建设发射基站19个。8县市建立了中国移动多媒体广播（CMMB）发射基站12个，开通了移动手机电视业务，发展手机电视用户1万余户。

群众文化，数字看恩施：2011年，恩施州专业剧团共完成演出总场次1678场，演出收入297.66万元，观众总人数205.53万人次，其

中农村场次 1286 场，收入 61.86 万元，农村观众 130.97 万人次。全州累计建设农家书屋 3084 个，提前实现全州农家书屋“行政村全覆盖”。计划总投资 6.5 亿元，涵盖比兹卡剧场、文化馆、博物馆等重要公共文化设施的州文化中心于 2011 年 3 月动工。省民族歌舞团青年编导朱政创作表演的独舞《丧弄》作为湖北省唯一进入“全国第九届舞蹈大赛”的独舞作品，获优秀表演奖；省民族歌舞团创作的群舞《土家阿哥苗家妹》获第八届“荷花奖”民族民间舞大赛十佳作品奖。全州文化产业增加值 12.86 亿元，占全州国内生产总值比重 3.07%。全州调频转播发射台 110 座，电视转播发射台 106 座，有线广播电视传输干线长度 2.25 万公里。广播综合人口覆盖率 97.21%，电视综合人口覆盖率 97.58%；有线广播电视用户 27.05 万户，其中数字电视用户 21.87 万户，农村有线广播电视用户 11.88 万户；广播电视农村直播卫星用户 8.12 万户。

这些史实说明：土家文化，兼容并蓄……

这些案例说明：土家文化，活色生香……

这些数字说明，土家文化，美轮美奂……

第五节　多彩的节日　娱乐的精神

土家族节日源远流长，品类丰富，绚丽多彩，是土家族群众文化中一道亮丽的风景线。何以言之？

土家人的信仰纷繁杂陈，既有原始宗教，也有人为宗教，与信仰密切相关的节日主要有三个：社巴日、清明节和端午节。

社巴日每年农历二月初二举行，民间传说，这一天是土地神的生日，土地神司职田土的肥瘦与五谷的丰歉，在土家人的神灵体系中尽管官小言轻，但是最接“地气”、最靠谱的一个小神。土地神庙也不是什么气势雄伟的高屋大庙，只是村头寨尾几块石头搭成的一座小小庙，石檐下放着香烛与贡品而已。每当农历二月初二，山上的蒿子长出青翠欲滴的嫩芽了，土家人采来和上蒸熟的糯米，做成青白相间的蒿子粑粑。然后，拎上惊恐不已的红冠大公鸡，将大公鸡脖子用快刀一抹，鸡血滴在土地庙的石头上，将带来的包谷烧酒洒在土地庙上。因为土地神接受了土家人的贡品，就不会生气惩罚土家农人了，必定保佑土家人五谷丰登，猪牛满圈。田姓在湘西州和张家界市是土家大姓之一，每当社巴日，都携家带口到土地庙野炊，表示与土地公公、土地婆婆共享大餐，实际上这是土家人借土地神的名义进行的野餐。野餐毕，村里还请来戏班子，为辛苦一年的土地公公和土地婆婆唱一夜大戏，既娱了土地神，也娱了土家人，最后人神同爽了！

清明节每年四月五日举行，基本上与汉族同俗同期。“清明时节雨纷纷，路上行人欲断魂。”清明这一天，土家的孝子贤孙们用五色纸剪成相连成串的纸钱，系于小竹枝上，名曰“挂钱”，那是后人给已逝的先人阴间用的冥币。插于先辈的墓顶，谓之“挂青”，意为挂念亡人，也希冀先亡人保佑在世子孙安康。挂青毕，端上用鼎锅煮熟的半边腊猪头，奉上香飘山野的包谷烧于墓碑前，子孙们叩头祭祖，祭毕，就围拢在坟前青青草地上或石板上，吃腊猪头肉，饮包谷烧酒，置几副空碗筷，则表示与祖先共饮了。土家谚语云“清明酒醉，腊猪头有味”，这就是清明节的一景。挂青归途中，爱臭美的姑娘和小媳妇，摘下路边的野花插于鬓上发间，人面野花相映红，清明又一景也！爱玩闹的小孩子们则折下柳条做成柳帽圈，戴在头上如野战军的伪装。成年男子则将柳条挂于吊脚楼门外，可避瘟疫，可免灾祸。清明节本是哀痛之节，却被生性豁达乐观的土家人过成人祖同喜的节日了。

端午节每年农历五月五日举行，不同于汉俗五月初五纪念屈原投

江，土家人在端午节不包粽子，只赛龙舟，只祭祀龙王爷。因为龙王司职天上的风雨，不祭、不贡是万万不行的！端午节这一天，沿河而居的土家人都要赛龙舟，这是专门娱乐呼风唤雨的龙王爷的。土家人还往河中抛数只鸭子作为龙王的活牲，赛完龙舟的土家人跳进清凉的

湖南湘西土家族农民端午节里赛龙舟　（图片提供：CFP）

河里，活捉水中的游泳健将麻鸭，一河鸭叫，一河欢笑！沿山而居的土家人要在房前屋后洒雄黄酒，用雄黄酒扎蛇眼，以便驱除五毒，防止蛇妖作怪。同时还在家门口悬挂艾叶菖蒲，据说可以避毒邪，御瘟疫于家门口之外。实际上，土家人的端午节虽然源于汉人，但实用于土家人驱瘴疠，防病害了。

土家人的尚武善战青史有名，英雄人物如星星点灯，闪烁在历史的星空中。与土家族节日有关的英雄人物主要有两大土司王：彭翼南与覃垕王，节日就是“赶年”和“六月六”。

“赶年”是土家人民族特色最为浓厚的传统节日，所谓“赶年”，就是比汉族过年提前一天，月大腊月二十九过年，月小腊月二十八过年。明朝嘉靖年间，倭寇浪人侵扰东南沿海，朝廷不堪其苦，无可奈何中急征湘西土兵前往浙江王江泾一带征剿。军令如山，永顺土司王

彭翼南即刻点召58旗土兵，但年关将近，即将远征的将士们想与家人过最后的年节，于是决定提前一天过年，吃了腊猪头肉，啃了腊猪脚，喝了包谷烧，像梁山108将们一样摔了土钵碗，吻别了妻儿与父母，58旗土兵在彭翼南土司王率领下浩浩荡荡开赴了浙江前线阵地。在王江泾战场，上万湘西土兵们摆出“八卦”军阵，斩杀倭寇浪人数千名，朝野震动，嘉靖皇帝册立彭翼南土司“东南第一战功”！世代沿袭而下，就有了彪炳史册的“赶年”。

湘西州和张家界市土家人过“赶年”时，在堂屋里用青布围起围幕，象征土兵驻扎的军帐；在糍粑上插上松枝或梅花枝，象征土兵们驻扎在荒郊野岭；在小背篓里装上一大把筷子放在八仙桌上，象征土兵们的兵器箭镞。在家人团年的宴席上，堂屋里只坐三方，靠大门的一方空着，以便观察敌情。过“赶年”天未亮就要做年饭，象征三更造饭、五更启程的军旅生活。鄂西一带土家人过“赶年”，吃“年饭”前，家长先拿着竹制吹火筒，房前屋后吹奏一番，象征土兵出征，吹响号角，紧急集合。土家人的尚武善战，已经融入土家人的血液中去了。

如果说彭翼南土司是明朝中央政府的大功臣，那么，覃垕王土司就是元末明初中央政府的“大逆臣”。相传明初洪武年间，张家界一带战乱不止，百姓不堪其苦，茅岗土司覃垕王不胜其扰，时刻准备举义旗。但军马何来？一仙人托梦覃垕王，只要他耐心地等待三年零六个月，鸡飞狗上屋之时，他房前屋后的竹林就会炸开来，一个竹节一匹人马，他可以组织一支军队打到南京，灭了朱元璋，当上大皇帝。但覃垕王的嫂子想当“皇嫂”多时了，她等啊等，等了三年，终于等不及了。于是，她把鸡赶飞起来了，把狗赶上屋了，覃垕王以为天机已到，向南京方向射出了三只神箭，结果射到了朱元璋的洗脸架上。起义败露，朱元璋派出重兵征剿，覃垕王困守茅岗土司寨，被他的女婿出

卖俘虏，在六月初六这一天，被朝廷凌迟处死，在刽子手剥皮时，肉身上飞出九条未完全成形的金龙，霎时间天昏地暗，飞沙走石，日月无光，朱元璋也被惊得从皇帝宝座上滚落下来。土家人将覃垕王血染的战袍抢回来洗净晒干，这就是六月六“晒龙袍”的来历。六月六这一天，张家界一带土家人都要杀猪，宰鸡，打糍粑，做猪血豆腐，跳摆手舞，以纪念这位覃垕王。

土家族是一个勤劳的农业民族，安于土，重于迁，对农耕的重视，甚于渔，优于猎，反映在节日上，就是四月初八“牛王节”。关于“牛王节”，鄂西土家族传说：土家先民在一次战斗中被打败了，仓皇中逃到了一条大河边，滔滔的洪水挡住了土家先民的逃生之路，这时一条精壮的大水牛游过来，土家先民拽着牛尾巴游过了大河，避免了灭族断种的悲剧，因而祭祀救命恩牛大水牛，世代沿袭而成“牛王节”。湘西土家族传说：很久很久以前，一头神牛游过烟波浩渺的洞庭湖，盗得了土家人朝思暮想的仙谷，触犯了玉皇大帝的天条，被贬入人间，世世代代为土家人耕种仙谷，让土家人终于吃上了香喷喷的大米饭，维系了种族的繁衍。四月初八这一天，积劳成疾的牛王终于累死在田间，后人世代沿袭纪念这头大公无私、勤劳致死的牛王，就有了今天的“牛王节”！

“牛王节”这一天，土家人都要杀猪，宰鸡，打糍粑，特别是给“牛王”放“带薪大假”，给水牛戴上大红花，把金丝绒线绣织的“王”字帕戴在水牛牛角上，颈项间还系上红绸带。然后，寨佬们领着十几个嫩皮后生围着大水牛跳“牛王舞”，跳得大水牛莫名其妙。舞毕，梯玛用竹筒给水牛喂甜米酒，灌鸡蛋清，还有大捆、大捆青青的嫩草和菜叶，感谢牛王一年的任劳任怨。牛王节，人牛同欢也！

土家人除了雄强侠义，勇武善战，安土重迁，还是一个浪漫且多情的民族。土家族“女儿会”，就是土家人的“情人节”。“女儿会”最初流行于恩施石灰窑、大山顶一带，原名“十个棚女儿会”，农历七月二日为女儿会会期。这一天，周围七八十里地的妹娃儿们，都要穿上最新、最美的节日服装，围上最艳、最美的西兰卡普，背上最精、最细的细篾小背篓，像花蝴蝶一样飘在坪坝间，山林里，溪河边。后生们则左看右看，上看下看，原来每个女孩都不简单。由于土家人在历史上极少受程朱理学的约束，“三从四德”也基本没有成为多情浪漫的土家人的束缚，土家后生仔如果看上了一个妹娃儿，就会用山歌向她赤裸裸地传情，用山歌挑逗她的少女心事。流行于鄂西土家青年男女之间的《六口茶》，就是女儿会上诞生的杰作：

男：喝你一口茶呀，问你一句话，
你的那个爹妈（噻）在家不在家？
女：你喝茶就喝茶呀，哪来这多话？
我的那个爹妈（噻）已经八十八。
男：喝你二口茶呀，问你二句话，
你的那个哥嫂（噻）在家不在家？
女：你喝茶就喝茶呀，哪来这多话？
我的那个哥嫂（噻）已经分了家。
男：喝你三口茶呀，问你三句话，
你的那个姐姐（噻）在家不在家？
女：你喝茶就喝茶呀，哪来这多话？
我的那个姐姐（噻）已经出了嫁。
男：喝你四口茶呀，问你四句话，
你的那个妹妹（噻）在家不在家？
女：你喝茶就喝茶呀，哪来这多话？
我的那个妹妹（噻）已经上学哒。

男：喝你五口茶呀，问你五句话，
你的那个弟弟（噻）在家不在家？
女：你喝茶就喝茶呀，哪来这多话？
我的那个弟弟（噻）还是奶娃娃。
男：喝你六口茶呀，问你六句话，
眼前这个妹子（噻）今年有多大？
女：你喝茶就喝茶呀，哪来这多话？
眼前这个妹子（噻）今年一十八。
呦耶呦耶呓呦呦耶，
眼前这个妹子（噻）今年一十八（耶）！

如果说《六口茶》是土家少男、少女略带羞涩惶恐的小情歌，那么，已荣登2005年央视春晚的《黄四姐儿》，就是土家熟男、熟女春情荡漾的女儿会会歌了。货郎哥（男）打情骂俏，黄四姐儿（女）眉目传情，男女二人将这首流行百年的建始民歌演绎得火辣辣、利薰薰、情真真、意切切：

男：黄四姐儿，
女：你喊啥子？
男：我给你送一个丝帕子。
女：要你一个丝帕子干啥子啊？
男：戴在妹手上，行路又好看哪，做客有人瞧呦，我的干妹子啊！

男：黄四姐儿，
女：你喊啥子？

男：我给你送一根金簪子。

女：要你一根金簪子干啥子？

男：插在妹头上，行路又好看哪，做客有人瞧呦，我的干妹子啊！

男：黄四姐儿，

女：你喊啥子？

男：我给你送一件绸衫子。

女：要你一件绸衫子干啥子？

男：穿在妹身上，行路又好看哪，做客有人瞧呦，我的干妹子啊！

男：黄四姐儿，

女：你喊啥子？

男：我给你送一对金戒指。

女：要你一对金戒指干啥子？

男：戴在妹手上，行路又好看哪，做客有人瞧呦，我的干妹子啊！

男：黄四姐儿，

女：你喊啥子？

男：我给你送一双丝袜子。

女：要你一双丝袜子干啥子？

男：穿在妹脚上，行路又好看哪，做客有人瞧呦，我的干妹子啊！

女：哎呀我的哥，你送上这么多！

男：东西这个少了些，你不要这么说。

女（白）：你初一来不来嘛？

男（白）：初一我不来哟！

女（白）：你初二来不来嘛？

男（白）：初二也不来哟！

女（白）：那你几时来嘛？

男（白）：今天不得空，明天要砍柴，后天再到幺妹家中来嘛！

毋庸讳言，土家人除了上述这些传统的民族节日，与汉人同俗，还过元宵节、中秋节和重阳节。这些土汉同俗的节日，就是民族文化交流的见证，彰显了土家族海纳百川的博大胸怀！

多彩的节日，娱乐的精神，浪漫的民族！

第四章

土家风情奇异美

第一节　原生之美茅古斯

2008年8月8日17时45分，第28届奥运会，北京，鸟巢体育场。

来自世界100多个国家和地区的8万余名观众，被一场超级原生态的舞蹈深深震撼了。那就是湖南永顺县100名土家族农民（男60名，女40名）表演的茅古斯舞!

茅古斯，起源于商周时代的巴人战舞，汉文历史文献中记载的“巴师勇锐，歌舞以凌，殷人倒戈”，其中“巴师”之“舞”，应是茅古斯最远的源头。清人佚名《竹枝词》高度赞美茅古斯舞：“今生得舞茅古斯，愿作土民不羡仙。”由于土家人只有语言没有文字，茅古斯，土家语称为“古司拔铺”，意为“浑身长毛的猎人”，他们只好用身体的语言，讲述祖先的故事。那就是父系社会遗存下来的农耕渔猎与迁徙争斗的古老故事。

茅古斯一般在每年正月初开跳，但湖南永定区罗水乡，却在农历六月初六跳茅古斯，以纪念明末茅岗土司覃垕王。茅古斯领舞者称为“老茅古斯”，一般由寨佬或族长担任。伴舞者称为“小茅古斯”，由山

寨中土家男女自由组合。男舞者赤裸上身，下身围茅草或稻草裙，前系一根捆扎红绸的“粗鲁棒”，象征生殖崇拜中雄性的力量。女舞者上身系西兰卡普缝织的围兜，裸露性感的小蛮腰，下身围飘逸的稻草裙或亚麻线裙，紧绷放电的小翘臀，象征雌性的柔美。

茅古斯　（滕俊摄）

茅古斯舞前，要由土老司扫堂驱邪，用鸡血酒、腊猪头、糯米糍粑和香烛上祭皇天，中祭君亲师祖灵，下祭厚土。扫堂完毕，大鼓擂起来，锣钹敲起来，鞭炮炸起来，10～20 人组成的茅古斯舞队在老茅古斯的引领下翩然入场。先舞祖先的迁徙：清早起，往西行，远古的巴人从中原沃野过黄河，跨长江，一路向西，一路向南，跋山涉水，斗猛兽，逃追杀，历千难，过万险。次舞先人的生产（示雄）：在迁徙的漫漫途中，男茅古斯们不断追逐挑逗女茅古斯们，模拟男女交媾的动作，用夸张的“粗鲁棒”展示生命的张力，寓示先人的繁衍。再舞物的生产（俗语“做阳春”）：挖土、薅草、割谷、赶肉（打猎）、钓鱼、砍火畲……每一个劳动的场面和动作，都用舞蹈的语汇加以模拟。后舞先人的崇拜：祭土地爷、拜梅山神、雷神、雨神、风神、火神、山神、水神……每一个神灵都用舞蹈和巫词敬畏崇拜。可以说，土家族茅古斯记录了古老文明的历史进程，堪称中国舞蹈的活化石！2006年，茅古斯被国务院列入第一批国家级非物质文化遗产名录，受到国家层面的保护与传承。2009年3月8日，全国两会期间，全国人大代表谢长龙《田野·舞者》摄影展在中华世纪坛隆重开展，这是第一次在祖国心脏展览的土家人的茅古斯专题，轰动了两会，轰动了中国摄影界。

如果说“茅古斯”是中国舞蹈的活化石，那么，“摆手舞”就是中国舞蹈的文化基因。据《后汉书》记载，摆手舞起源于巴人、巴地的巴渝舞，有史可考在唐末五代时期。清《永顺府志》记载得相当翔实：“每岁正月初三至十七日，男女齐集，鸣锣击鼓，跳舞唱歌，名曰摆手。”清人《竹枝词》更是惟妙惟肖地描绘了摆手舞的空前盛况：“摆手堂前艳会多，携手联袂缓行歌，鼓锣声杂喃喃语，袅袅余音嘀呓嘀。”

摆手舞土家语音译名“社巴日”，起源于重庆市酉水流域，流行于湖南永顺、保靖、龙山、桑植和湖北来凤、鹤峰土家族聚居区。从规模上看，摆手舞又分为“大摆手”和“小摆手”。大摆手每3～5年举办一次，正月初九～十五择日举行，参加人数多达万人以上，真可谓人山人海，锣鼓喧天，彩旗招展，舞姿翩翩，名副其实的土家族狂欢舞！大摆手前，舞场正中央供奉土家祖神“八部大王”和夫人“帕帕”神像，神像后立一根高达24米的旗杆，上飘两面彩色的龙旗，旗杆顶端立一只展翅欲飞的白鹤。在湘、鄂、渝、黔边区的土家人不远千里而来，按地域、族称组成摆手队、祭祀队、旗队、乐队、押甲队、炮仗队，在一名德高望重的、司神的梯玛（又名“土老司”）带领下，如军队一般浩浩荡荡地开赴大摆手舞场。梯玛高唱神曲领舞，众人围成圆圈随跳，牛皮大鼓擂得咚咚山响，大铜锣敲得震耳欲聋，合着鼓点

红灯万盏人千叠，一片缠绵摆手歌　（滕俊摄）

节奏，单摆，双摆，回旋摆，摆出土家人的英雄气概来！2002年5月，文化部把重庆市酉阳土家族自治县命名为“中国民间艺术之乡”，2008年，酉阳摆手舞被国务院列为第二批国家级非物质文化遗产名录。

小摆手舞每年农历正月初三到十七举行，地点在村中摆手堂或寨中土王祠，由本村、本寨组队小摆手，由掌坛师领舞祭祀彭公爵主、向老官人、田好汉和本地土司王。现代小摆手舞以湖南龙山县马蹄寨和湖北来凤县舍米湖最为著名。小摆手舞的舞蹈动作和大摆手一样，也是单摆、双摆和回旋摆。聪明的武陵土家人为了更好、更美的传承，给这些舞蹈语汇起了生活气息极为浓郁的诗意名称：犀牛望月、木鹰展翅、野鸡拖尾、蛤蟆跳水……在这生动形象的舞蹈语汇中，土家人踩着摆手舞的节拍——团圆手（4次）、车轮手（2次）、抖格子（4次）、拜观音（4次）、双摆（8次）、缠腰（3次）、大团圆手（8次）、打浪（4次）、舍巴（1次），实现一次舞蹈的循环，一次美的升华！

如果说摆手舞体现了土家人“乐生”的人生观，那么，“撒尔嗬”则体现了土家人“乐死”的价值观。打丧鼓，唱丧歌，用亦歌亦舞的方式悼念死者，曾是巴人穿越千年的遗风。唐人樊绰《蛮书》引《夔府图经》载：“初丧，鼙鼓以道哀，其歌必号，其众必跳，此乃盘瓠白虎之勇也。”那必跳的“舞”就是绕棺舞，土家语音译“撒尔嗬”。史载如斯，那么，土家民间又如何看待“撒尔嗬”呢？武陵土家民谣云：“人死众家丧，一打丧鼓二帮忙。打不起豆腐送不起情，跳一夜丧鼓陪亡人。”

“撒尔嗬”发源地大约在湖北巴东土家族自治县野三关一带，由于巴东紧邻三峡，也就是古今诗人极为钟爱的地方。诗仙李白诗赞：巴东三峡巫峡长，猿鸣三声泪沾裳。在诗仙赞美的风水宝地，每有土家老人仙逝，丧家必在第一时间通知乡邻亲友，请土老司做道场。每当夜幕降临，土老司手持通神的法器，口中念着只有本人才能听懂的咒语，领着亡者的“孝子贤孙”，围着已入殓的棺材跳绕棺舞“撒尔嗬”。合着铜锣、铜钹的节奏，伴着唢呐的哀鸣，孝子贤孙们时而“凤凰展翅”，时而“猛虎下山”，时而“白虎抱头”，时而“猴子爬岩”，时而“燕儿衔泥”，时而“乡姑筛箩”……用舞蹈为亡者送行，用香纸为亡者超度。舞毕，披麻戴孝的至亲也会嚎哭数声，践行“百善孝为先”的祖训。哭毕，八仙桌上照旧例摆上肉菜，土钵碗里端上苞谷烧，犒劳吊丧的乡邻与亲朋一饮一醉。人死不能复生，何苦终日悲悲戚戚？

往事若能下酒，回忆便是一场醉！

第二节　一片缠绵摆手歌

巍巍的武陵山是土家人的原乡，土家人的原乡又是民歌的海洋！

翻开尘封千年的《华阳国志·巴志》，早在公元前 1075 年前，周

武王就组织了一支土家先人的军队——巴师，浩浩荡荡地开赴讨伐商纣王的战场。在刀光剑影、血肉横飞的战场上，无畏的、霸蛮的土家先人们唱着歌，跳着舞（巴师勇锐，歌舞以凌殷人），殷人就纷纷倒戈了，战场上的土家族，多么血性，多么浪漫的民族！

战场上的土家先人前歌后舞，婚礼上的土家人则吟唱《诗经》。《诗经》是中国第一部最浪漫的诗歌总集，《诗经》对土家先人《告祖歌》的影响，从遥远的商周时代延续至今不衰。在湖南龙山县田氏家族告祖仪式上，赞礼者将“关关雎鸠，在河之洲，窈窕淑女，君子好逑”（《诗经·关雎》）作为开篇赞词，赞美新婚男女无限美好的爱情。赞礼者还将“钟鼓喤喤，磬筦将将，降幅穰穰，降幅简简”（《诗经·周颂·执竞》）作为烘托喜庆气氛的古老歌谣。主礼者、赞礼生、歌童共同演绎的土家“告祖礼”，让人遥想到上古婚礼中的“庙见仪式”；他们吟唱的“告祖文”和《告祖歌》，让人遥想到上古婚礼中的“祭祀礼辞”。婚礼上的土家人，依然是诗人一样的浪漫！

山野中的劳作汗如水流，芒刺扎背，日光灼人，农人不堪其苦，土家人不改其乐！因为，天性浪漫的土家人，把山野劳作变成了一场场富有激情的赛歌会。每当薅草时节，武陵土家人都要吼唱激情四射的“薅草锣鼓”。在湖南桑植县上洞街乡，土家农人在薅草时排成排，敲锣打鼓吼唱《中间薅起蛾眉月》：

手里的个锄（外）头，
锄草就锄到蔸（外）。
锄头（外）脚下（啊）有自由，
大家（呀）听我说（外），
听我就说明白（啊），
中间薅起一个蛾眉（哟）月。

澧水、酉水和清江，都是土家人的母亲河。澧水薅草锣鼓又叫“土家族合音锣鼓”，以小锣为全程指挥，是湖南澧水流域极为流行的劳动号子：

（领）锣儿靠上鼓哇嗬，
（齐）鼓儿靠上锣哇嗬；
（领）锣儿呵靠上呵鼓哇嗬，
（齐）鼓儿靠上锣哇。
（领）锣鼓呵点子啦要一合呵，
（齐）千万啦不能扯拗钹哇。

武陵山野中的土家农人吼唱“薅草锣鼓”，诗意地劳作。湘鄂川黔革命中的土家人，唱着山歌诗意地革命。湖南省桑植县是一片红色的土地，那片土地上成长了彪炳军史的贺龙元帅。在腥风血雨的大革命时代，土家儿女演绎了一首首气壮山河的革命歌谣。

参加红军，土家儿女“要当红军不怕杀”：

要吃辣椒嘞不怕辣哟，
要当红军吵不怕杀啦，
刀子架在颈梗上啊，
砍掉脑壳碗大个疤哟！

拥军优属，土家儿女“门口挂盏灯”：

睡到哪半夜过，
门口嘛在过兵，

婆婆嘛坐起来，
侧着嘛耳朵听：
不要哪茶水喝，
又不惊老百姓。
只听脚板响，
不见嘛人作声。
大家不要怕，
这是贺龙军。
媳妇你快起来，
门口嘛挂盏灯，
照在大路上啊，
同志们好行军。
……

漫漫长征路，土家儿女“六送红军”：

一送红军过大江，
男女老少泪成行，
紧紧拉着哎亲人的手啊，
军民鱼水情意长啊！
二送红军过橘林，
颗颗红橘献红军，
橘林本是红军栽，
望见橘林想亲人。
三送红军土家寨，
座座茅屋把门开，

苞谷煮酒哎红军喝啊，

盼望红军早回来啊，

……

武陵土家人诗意的革命，就是为了更诗意的生活。而诗意生活中最华彩的乐章，就是武陵山区漫山遍野的土家情歌。而土家情歌瑰宝中的明珠，就是宋祖英在维也纳金色大厅和悉尼歌剧院演唱过的桑植民歌《马桑树上搭灯台》：

(男) 马桑树儿搭灯台，

写封书信与姐带，

郎去当兵姐在家，

我三五两年不得来，

你个儿移花别处栽。

(女) 马桑树儿搭灯台，

写封书信与郎带，

你一年不来我一年等，

你两年不来我两年挨，

钥匙不到锁不开。

(合) 郎去当兵姐在家，

二人心中别牵挂。

(女) 姐在家中勤生产，

(男) 郎在前方把敌杀，

(合) 英雄模范人人夸哟！

另一首被誉为“世界最经典的25首民歌”之一的《龙船调》，就

是起源于湖北恩施土家族苗族自治州辖利川市。《龙船调》原名《种瓜调》，1957 年 3 月，利川土家歌师王国盛、张华堂将《龙船调》带入第二届全国民间音乐舞蹈会演，从那一天起，《龙船调》走出了武陵山，走进了全国，还走向了世界音乐殿堂——维也纳金色大厅！

正月是新年，
妹娃去拜年，
金哪银儿梭，
银啊金儿梭，
阳雀叫哪个咿呀喂子哟。
（女白）妹娃要过河哇，
哪个来推我嘛？
（男白）艄公你把舵扳哪，
妹娃儿请上船，
把妹娃儿推过河哟！

如果说清江水滋养的《龙船调》温暖了国人的心田，那么，曾经风行武陵土家数百年的“哭嫁歌”，一度哭酥了国人的心灵。相传很久很久以前，一个土家山寨里最美的姑娘要出嫁了，在即将成为汉家人“新姑娘”的那些日子里，本是喜临门的她却日夜哭泣。问她是不是这门亲开得不好？她摇头。问她是不是嫁妆没备齐？她也摇头。问她是不是放心不下父母兄弟？她还是摇头。最后，一个细心的闺蜜问她是不是担心跳不上摆手舞了？这位准新娘终于点了点头，原来土家族有不准外族人入摆手堂、跳摆手舞的族规。族人们为新姑娘爱族、爱寨的行为深深感动，土司王号令所有的准新娘在出嫁前都要哭嫁，哭嫁歌从此在土家山寨流行起来。

新姑娘（土家新娘俗称）要出嫁了，嫲嫲（汉人称“婶婶”）要给新姑娘梳头，先“哭梳头”：

我的嫲嫲哎，
我的头发没长长，
哪能离开爹和娘?!
我的头发打纽纽，
哪能梳得粑粑髻?!
我的头发两边分，
做个姑娘贵如金。
……

梳过了头，娘亲舅大，就要给新姑娘戴花，新姑娘又“哭戴花”：

我的舅爷哎，
我的舅娘哎，
到了今朝这一天嘛，
你们天远地远走起来，
我怎能报答得你们的恩?!
我怎能还得起你们的情?!
我把你们的花红披戴在身，
我把你们的恩情牢记在心！
……

百善孝为先，哭过舅亲，父母为尊，新姑娘又“哭父母”：

我的爹哎，
我的妈哎，
十月怀胎苦中苦，
十年树人人上人；
世上天高不算高，
养育之恩比天高！
海里水深不算深，
养育之情比海深。
……

哭过父母，儿女情长，姊妹情深，新姑娘必须“哭姊妹”：

我的姐哎，
我的妹哟，
一颗柑子十二瓣，
姊妹今朝要分散。
柑子好吃要剥皮，
姊妹情深要分离；
李子开花一树白，
姊妹相好要分别；
桃子开花满树红，
姊妹相聚要落空。
……

哭过姊妹，祖先在天之灵需要告慰，新姑娘要“哭辞祖先”：

我的祖公哎，
我的祖婆哎，
我是你们的重孙儿嘛，
初一装香香也燃，
十五点灯灯也明。
我若是个男子汉，
手拿长香敬百年。
我今是个女孩子，
长香装到今朝止。
……

东方既白，公鸡鸣早，接亲的轿子已经停在吊脚楼下了，新姑娘最后“哭上轿”：

五更鸡公叫啼啼，
声声催我要分离，
山中野猫瞎了眼，
为何不拖五更鸡？
五更鸡公叫声声，
声声催我出房门，
闰年闰月都闰了，
为何不能闰五更？
……

一场本该浪漫的婚礼序曲，在土家新姑娘哭嫁歌声中被放大。哭嫁歌已成为第一批国务院公布的国家级非物质文化遗产，土家歌谣富

集地湖南桑植县，也被文化部命名为“中国民歌之乡”！

土家老民歌成就辉煌，土家新民歌又在哪里？

它在李琼的“山路十八弯”里……

它还在王立平的“三峡情思”里……

第三节　人间仙居吊脚楼

如要详解土家族的建筑文化，需从远古说起。

那是很久很久以前，在湘、鄂、渝、黔四省市的接壤地区，土家人的祖先就在那一带过着穴居的生活。他们采集植物的果实，狩猎原始森林里的野兽，在黑幽幽的洞穴中躲避风暴雨雪。1956 年，在鄂西长阳县下钟湾洞穴中发现的“长阳人”化石，足以证明距今 10 万～15 万年前，土家人的祖先就在美丽的清江流域繁衍生息。

历史像一条无声的长河，土家人的祖先在很长很长一段时间里未有君长，俱事鬼神。成族而居，最早应追溯到在今湖北长阳县的武落钟离山。西汉人刘向的《世本》，可能就是关于土家先祖酋长“廪君”的最早记录。那时的巴郡有五蛮——巴氏、樊氏、瞫氏、相氏、郑氏，皆出于武落钟离山。高高的武落钟离山有赤黑二穴，巴氏之子生于赤穴，四姓之子皆生于黑穴。兄弟五人掷剑于石，约能中者，奉以为君，好运气的廪君，就这样成了土家先祖的酋长。但廪君酋长生于何年何月史不可考，他仍然只是穴居于赤穴的酋长，只是一个传说。

上古时代的武落钟离山，山虽不太高，森林却十分茂密，森林里流浪着食人的虎豹豺狼，逍遥着形象狰狞的毒虫，还弥漫着树叶腐烂而积成的瘴气。为避大自然之害，廪君子孙“起高栏而居”，《旧唐书》记载：巴郡“土气多瘴疠，人并楼居，登梯而上，是为干栏”。唐时巴郡巴人的“干栏”，也就是土家先人的民居“吊脚楼”。唐穆宗长庆二年（822年）至长庆四年被贬巴人地盘任夔州刺史的中唐诗人刘禹锡老先生，就为后人描绘了一幅美得让人心醉神迷的巴地巴人风情画：“山上层层桃李花，云间烟火是人家。银钏金钗来负水，长刀短笠去烧畲。”

从刘禹锡的《竹枝词》中我们知道唐时的土家先民还是长刀短笠，烧畲种地，吊脚楼也只是木头支架，荆条为壁，茅草为瓦。但土司制，已在不言不语中形成了。土司王，已在筹建土司城了。从五代后梁开平四年（910年），第一代土司王彭瑊始建，至清雍正五年（1727年）改土归流止，溪州世袭27代土司，35位土司王，历时818年，建成了一座被称为“中国的庞贝古城”的“老司城”，2010年被评为“中国十大考古发现”，目前正在申请“联合国世界文化遗产”。

这座号称“南方故宫”的老司城位于湖南省永顺县灵溪镇司城村，史称五溪之巨镇，万里之边城，全盛时分内罗城、外罗城两城，城内三千户，城外八百家。清人彭施铎曾经记录了这座土司王城昔日灯红酒绿的繁华市景：“福石城中锦作窝，土王宫畔水生波。红灯万点人千叠，一片缠绵摆手歌。”现存“彭氏宗祠”为第24代溪州土司王彭元锦宣慰使所建，有如清廷内室宗人府。现存“翼南牌坊”系大明嘉靖皇帝为表彰第26代土司王彭翼南宣慰使在今浙江王江泾毙倭寇1900余人而立，背书“子孙永享”。现存“土司德政碑”建于清康熙五十二年（1713年），乃康熙大帝表彰彭泓海宣慰使之德政，正面篆书“甘棠遗爱”。1727年雍正王朝在全国强权推出“改土归流”后，蛮也出峒，汉也入境，中央王朝与土司王朝的“蜜月”结束，老司城的衙署、地宫、祖师殿、点将台、凉热洞、土司陵园等土家王城建筑精华，也只能一堆荒冢草没了！

典型的土家族吊脚楼　（图片提供：CFP）

除了永顺老司城，土司王城另一亮点是湖北咸丰县唐崖土司城。在不太遥远的元朝末年，群雄并起，元顺帝无奈只好“以蛮制蛮”，设唐崖司，封土王代为管辖王土。于是乎，唐崖土司大兴土木，在1346年开建唐崖土司城，占地57.75万平米，拥有3街，18巷，36院，建有衙署、官言堂、钱库、牢房、书院、射箭场、左右营房、御花园、万兽园等诸多建筑群。但现在，只有石人、石马记录了唐崖土司曾经的威仪，只有土王墓群埋葬着数代土司王的忠骨，只有夫妻杉见证了土司王覃鼎夫妇的恩爱，只有妃子泉流淌着冷宫里妃子的眼泪……体量最为俊美宏大的是唐崖石牌坊：建于明朝天启三年（1623年），高6.8米，宽6.3米，正刻“荆南雄镇”，背刻“楚蜀屏翰”，那是嘉靖皇帝表彰覃鼎土司王的赫赫战功！

现存土司王城最后一个亮点就是湖北鹤峰容美土司城了。这座容美土司城位于湖北鹤峰县容美镇10公里，建于明朝万历年间，止于清雍正十三年。拂去历史的尘埃，我们依稀可辨衙署大堂、二堂、阅兵台、跑马场、花园、土牢的遗影。如今可观全貌的只有屏山爵府“万全峒”了。万全峒洞高 20 米，宽 24 米，深 31 米，洞外建有石门、寨墙和炮台，左有“新月轩”，右有“爱日亭”，正中为“大土阁”，此为容美土司王田舜年的王宫所在。从“新月轩”、“爱日亭”和“大土阁”这些汉文化极浓的亭台楼阁命名，可知明朝时容美土司田舜年不仅仅是附弄风雅而已，入汉学、咏汉诗、着汉服已成王廷生活的常态，汉文化对土家文化的影响力已渗入血液中。清雍正十三年，容美末代土司田旻如用一条白绫悬于万全峒，400 多年的容美土司就此画上了一个凄美的句号！

唐崖土司城的牌坊是明朝皇帝对唐崖战功的褒赏 （图片提供：CFP）

王城已随王爷去，此地空余吊脚楼，白云千载日悠悠！

大水井，吊脚楼，飞檐翘角写春秋，雕梁画栋铭荣辱。土家族古建民居，以湖北利川市大水井吊脚楼群最具代表性了。大水井吊脚楼群由李氏宗祠、李氏庄园和李盖五宅院组合而成，李氏宗祠始建于清道光二十六年（1846 年），占地 6000 平米，建筑面积 3800 平米，由 60 余间房组成。李氏庄园建筑面积 4000 平米，有 24 个天井，174 间房，堪称土家建筑奇迹的是：174 间房没用一颗铁钉，全是木榫！李盖

五宅院始建于战火纷飞的1942年，有房40余间，雕梁画栋极为精美，飞檐翘角极为壮观，堪称凝固了的土家民居建筑史！

舍米湖摆手堂位于湖北来凤县百福司镇，建于清顺治八年（1651年），占地500平米，长方形，四周围以院墙。摆手堂是土家族祭祀祖先和庆祝丰收的场所，舍米湖摆手堂中供奉有土家先祖彭公爵主、向老官人和田好汉，凸显了土家人的祖先崇拜！

舍米湖摆手堂　（图片来源：CFP）

当代最美、最雄、最奇土家族建筑群在哪里？“土家风情园”在湖南张家界市郊，“恩施土司城”在湖北恩施市郊，“中国最美乡村带”在重庆黔江小南海——阿蓬江沿岸！

那么，当代最美吊脚楼又是如何构建的呢？

土家人深受汉文化的影响，在吊脚楼选址的时候，特别讲究“风水宝地”。汉族人开建庙堂馆舍，左青龙，右白虎，前朱雀，后玄武，土家人依山傍水而建吊脚楼，必请老司公看“风水”：山如龙形，是为龙脉，子嗣必出“龙子”；山如虎形，是为虎威，子嗣必有“虎将”；山如笔形，是为“笔势”，子嗣必出“状元”；山如秤形，是为“财运”，子嗣必生“富商”。“风水宝地”选定，土家人就开始“备

料”了。

先“整屋场”。在老司公选定的“风水宝地”，杀公鸡祭过土地爷后，就开始平整屋场，砌护坡，凿水井，平天塔。整完屋场“伐青山”。土家人祖居武陵山区，林木繁茂，祭完鲁班爷后，在青山上伐倒枞树、杉树、楠树和椿树，拖回屋场，斧削去皮，锯分木板，露天阴干一两年，木料不再变形就可以“架大码”了。在柱头上画上太极八卦图，在大梁上画上鲁班像，喻示太上老君保佑楼内男女阴阳和谐。在梁头、柱尾画上荷花莲子，寓示手心相连，早生贵子，多子又多福。架完大码就开始排扇，把梁柱接上木榫头，排成一扇扇木扇，排扇分五柱四骑，五柱三骑，雕梁画栋甚是美观，飞檐翘角甚是灵动。排完扇就可以“立屋”了。择定黄道吉日，邀来乡邻亲朋，埋锅造饭，支鼎煮肉，酒足饭饱，鸟铳朝天轰，鞭炮齐炸响。男人一声吼，排扇竖起来。木匠师傅在排扇上开始唱《上梁歌》：“上一步，望宝梁，一轮太极在中央，一元行始呈瑞祥；上二步，喜洋洋，乾坤二字在两旁，日月成双永世享……”边唱歌边往地上撒糍粑、花生、枣子，屋场上的妇孺喜气洋洋抢枣忙，抢得花生眼放光。竖好排扇铺椽条，铺好椽条传青瓦，妇人小孩都派用场，青瓦片片传上房。盖好青瓦再装板壁，大户人家板壁都刷桐油，油光铮亮，百年不蛀不腐。小户人家装原木板壁，不刷漆，原木纹理，超级环保。四大排扇可得三间屋，中间为堂屋，供“天地君亲师”牌位，祭祖先用。左屋住父母尊长，一头搭偏房。右屋住儿女，一头修转廊。吊脚楼厢房一头伸出悬空，是为单吊式，俗称“一头吊”。吊脚楼正房两头伸出悬空，是为双吊式，俗称“撮箕口”。吊脚楼“撮箕口”也伸出悬空吊起楼，是为“四合水式”，只有大户人家才能修盖“四合水式吊脚楼”。月光下，树影婆娑中，山鸟呢喃中，吊脚楼上走廊里，未出嫁的土家姑娘坐在木椅子上唱着情歌，织着西兰卡普，绣着鞋垫，欣赏着楼下肥年猪的阵阵鼾声，母鸡

土家吊脚楼

下蛋后骄傲的“咯咯哒”声，家犬闻听夜色中异响后的警卫声，那就是武陵山村交响曲，那就是世外桃源！

巴山楚水，岂是凄凉之地？

楚水巴山江雨多，巴人咏唱本乡歌。

沉舟侧畔千帆过，梦遗中原弃绫罗！

人间仙居吊脚楼啊！

第四节　土家伙食野香辣

武陵土家人把“饮食”叫“伙食”，究其深意：一是“伙食”必须“打伙”得来，来之不易，人人都要珍惜；二是美味不能独占，“伙食”必须共享，叫“打平伙”。细分一下，土家“伙食”就是土家饮食，包括土家饮料，也包括土家美食，还包括土家山珍野味。

武陵山中土家人最喜欢的美食，首推家熏腊肉。民以食为天，土家农人，无论多辛苦，每年年初必购一土猪崽，喂养于猪楼。土家农人对“肉”的渴望，随着“年猪”的增长一天天膨胀。寒冬腊月，年猪长成，请屠户来吊脚楼下杀年猪，开水褪毛，用嘴吹气，吹得白白圆圆。铁钩倒挂在栏架上，像庖丁解牛一样将年猪分猪头、腰条、猪肘大卸几十块，在木桶中放一层鲜肉，撒一层薄盐，腌制半月有余，取出用棕叶绳拴于火坑木架上，用松枝或橘皮糠壳烟熏月余，金灿灿、油亮亮、半透明的腊肉就自制成了。每逢年节，或有朋自远方来，取下一块用淘米水洗净，在水中煮一小时，切片和青、红辣椒爆炒，闻其味道，十里之外可闻到腊肉浓浓的香味。观其颜色，黄、红、绿三色油亮，色极美也。谈其口感，肥肉肥而不腻，瘦肉劲而不柴，咬一口油汪汪，味极鲜也。尤其过“赶年”时，土家人必备一年之大餐“年夜饭”。一家人围在红彤彤的木柴炸响的火坑里烧腊猪脚，烧得皮开油滴。用烧红的火钳烙腊猪头，烙得猪耳朵里嗞嗞冒烟。将腊猪脚洗净剁成肉坨坨，伴吸油海带或萝卜坨煮两小时，吃起来皮脆肉嫩，油而不腻，又美容又补肾。但大人不会让小孩子吃猪脚岔，认为吃了嘴巴会长成“兔唇”，讲话会打岔。也不让小孩吃猪尾巴，认为吃了会事事“落后于人”。但可以吃猪头肉和猪耳朵，认为小孩吃了有“思想”且“听话”。腊猪肘子另一个妙用，就是男方作为重要“礼信”给未婚妻拜年。如女方家长留下猪肘子退回猪尾巴，则表示不同意年内结婚，好事还要多磨，哥哥你还要耐心等待。反之，留下猪尾巴，则人生好事将至了。

武陵土家特色美食，请看白白圆圆的糯米糍粑。土家俗语云：二十八，打粑粑。每逢农历腊月二十八，土家人都要“打粑粑”。土家人将泉水泡过的糯米放在木甑子里蒸九分熟，取出放在石碓里，两精壮男子用大木槌擂成饭团，一下子提溜到抹过油的八仙桌上。妇女们则揪成拳头大的小饭团，按一定距离置于八仙桌面，用另一八仙桌倒扣

其上，然后，顽童们爬上桌面，又蹦又跳，又圆又白的新糍粑就这样压制成了。放在簸箕里自然晾干后，泡在冷水坛里，可数月不腐。从坛中取出擦干，可用茶油煎得两面焦黄，佐白糖或红糖吃，外皮香、甜、脆，内瓤白、绵、软。如放在火坑里烘烤，膨胀得就像黄金色的飞碟一样，形极诱人。可以戳一个小洞，往里填灌红糖，甜香无比。若切成块放在甜酒里煮，甜甜蜜蜜，又软软绵绵。正月里，晚辈给长辈拜年，常用一沓沓糍粑作“礼信”。小伙子“娶八字”，也可用糍粑作礼信。如女方家长留下糍粑，就表明已默认男女恋爱了。

武陵土家特色美食，不能不说“合渣”。土家人所居武陵山区，畜牧业不发达，肉食稀缺。但山地上宜种黄豆，土家人将黄豆磨成乳白色的粉浆渣，再掺入四季皆有的青菜叶丝或山野菜末煮熟，伴以花椒、小山葱和辣椒末，白、绿、红多色杂拌，吃起来甚美，甚鲜。土家人说：一碗合渣，三碗饭，二天不吃腰杆酸。因为合渣是少肉食的土家人补充蛋白质的重要食材。如伴以红苕、苞谷等纯粗粮，或伴以大米拌苞谷的“金包银饭”，或大豆、苞谷、红苕合煮的“三合饭”，也味美易咽，营养丰富，补充体力，堪称纯天然的美味！

土家老太张凤仪经营的合渣是当地远近闻名的特产

（图片提供：CFP）

武陵土家特色美食“酸辣子”驰名湘、鄂、渝、黔。武陵山中土家俗谚云：“三天不吃酸和辣，心里就像猫儿抓，走路脚软眼也花。”武陵山中多产苞谷，每当秋风送爽的时节，吊脚楼的屋檐下总是挂着一串串、一排排金灿灿的苞谷坨。把苞谷籽用石磨磨成粗粉，把肉质丰满的红辣椒剁成颗粒，再加少量糯米粉，用石碓舂烂，放在土坛中，密封半月，“酸辣子”就这样腌好了。用油煎吃，可煎成金红饼状，酸辣兼具，开胃健脾，再喝上一碗香香的火辣辣的苞谷烧，那日子，神仙也不换！

武陵土家特色美食“苞谷粑粑”，也美名远扬。每当初夏时节，苞谷正是半生半熟的灌浆之时。摘回家用石磨磨成黄灿灿的苞谷浆，再让家中顽童从后山桐子树上摘下绿油油的桐叶，包成一个个三角形的苞谷粑粑，放在甑子上蒸上四十分钟，一甑子香喷喷、热腾腾的苞谷粑粑就做好了。剥开绿油油的桐叶，金灿灿的苞谷粑粑堪比黄金饼。咬一口，有新玉米的鲜香，还有绿桐叶的清气，那是大自然馈赐给土家人的山野之味啊！

武陵山中土家特色饮料，可分为茶类和酒类两大类。

先谈茶类，首推土司王的“四道茶”。湖北鹤峰，原是容美土司治所。田姓土司王在民间油茶汤的基础上，发明了代表土司王威权的“四道茶”。第一道茶为“白鹤茶”，以白鹤井水沏绿茶，清淡素雅，为远方的客人洗尘解渴，意为“亲亲热热”。第二道茶为“泡儿茶”，系爆米花、红糖加上开水冲泡而成，其香无比，意为“香香喷喷”。第三道茶为“油茶汤”，将茶叶用猪油炒香，伴以阴米、葱、姜、盐，用沸水冲饮，其味苦中有甜，甜中带香，意为“甜甜蜜蜜”。第四道茶为“鸡蛋茶”，将煮熟鸡蛋剥皮，放在红糖水中代茶。客人喝完这道茶，要自愿回赠“茶钱”，放在茶盘里，意为“圆圆满满”。天下茶道千千万，殊不知，大山深处的土司王们，也雅好茶道？

才饮土司王的“四道茶”，又喝土民的“罐罐茶”。武陵山中，山高，林密，峡深。山中多野茶，戴月荷锄归时，可顺手薅下两把野茶

叶，放在火坑边的土罐罐里，用柴火慢慢地烘出香味，再冲入沸水，加上姜片，一壶姜茶双味具浓的罐罐茶就这样熬成了。土家农人用大土碗畅饮，一弯明月斜挂吊脚楼头，一塆虫鸣鸟呓鼓噪于深林，一山剪影映于幽暗天际，鸡犬之声相闻，不知秦汉，无论魏晋，人似在桃花源中！

土家美酒排在首位的就是土司王的王酒“苞谷烧”。武陵山中，土家人无酒不成席，无席不欢歌。若论土家人的“族酒”，非“苞谷烧”莫属。苞谷烧加野蜂蜜后味淡而甜，入口极易，但后劲极足，醉后三天三夜不醒。从土司王到平头百姓，皆喜豪放，亦善饮。小孩出生时，土家人必办酒席，俗称“整竹米酒”。小孩满月时，土家人必“整满月酒”，吃“鸡蛋茶”。老人过生日，土家人“整生日酒”，吃长寿面。老人过世，土家人跳丧，打绕棺，喝“黄豆酒”。土家人盖新吊脚楼，唱上梁歌，喝“上梁酒”。土家人下田栽秧，喝“栽秧酒”；下地薅草，喝“薅草酒”；秋收用板斗打谷，喝“打谷酒”。清人顾彩《容美纪游》记载土家酒俗：土司主人东向坐，客人西向坐，行酒以三爵为度，先敬客人，后敬主人。时有刚从田间地头来赴土司王宴的寨佬族长，手上脚上还有黄泥巴，也手持金灿灿的纯金杯，大爵喝苞谷烧酒，大块吃腊猪头肉，历史上土家人的豪气与潇脱，可见一斑！

土司王豪饮苞谷烧，土民就豪饮“咂酒”。武陵山中土民热爱无比的咂酒，用糯米、高粱、苞谷、小麦蒸熟，加酒曲放入大坛中，储一年或数年而成酒。初饮时，用沸水冲泡，用细山竹管置于酒坛中，先让德高之人吸“咂管”，民间叫“开坛”，然后亲朋好友轮吸，路人巧遇也有份，谓之“打平伙”。一次未饮尽，储之再咂饮。咂酒之俗，可见土家山民原始平均主义之遗风！

历史上的土家族，是一个半农半猎的民族，在他们的潜意识深处，保留了许多许多野味的美好记忆。秦昭襄王时，秦王重金邀赏能射白虎的人，巴人祖先廖仲就在高楼上用白竹弩射白虎，食其肉，衣其皮，何其雄也！代有相传，清代土家诗人彭勇行竹枝词云："三月山蕨初茁芽，枞林九月菌声椏。秋岭红熟累累果，玉面狸肥味更佳。"舌尖上的土家野味，可谓源远流长！

武陵山中秦昭襄王胆寒的白虎和彭勇行所讴歌的玉面狸（果子狸）几乎绝迹了，但武陵山馈赠给土家人的野味还时有遗存。土家民谚说：天上飞的，好吃不过斑鸠；地上跑的，好吃不过麂子。从生态的角度看，土家人舌尖上的第一野味，当数土家民族记忆中的"麂子"。麂子分青麂和黄麂两种，是鹿的一科。每当大雪封山时，四五十斤重的麂子都会在无垠的雪地上留下浅浅的脚印。土家猎人祭过梅山猎神，就带着猎犬和鸟铳踏雪而去了。追脚迹，堵卡，围猎，猎来的麂子见者有份。开枪猎者得其头，猎狗得其内脏，参与围猎的人们均其肉。带蹄毛的新鲜麂子肉放在火坑上微火熏干，用冷泉水泡一夜去其腥膻，再用干辣椒、生姜片和小柑子树叶爆炒得焦黄，最后用文火慢炖两小时到脱骨，此时麂肉细如丝，色莹如深红的玛瑙。土家俗语又说：一家人炖麂子，十里八寨闻麂香，吃上几块这集天地之灵气的野味，身上慢慢开始发热，嗓子就有些发痒，身体就有些蠢动……遗憾的是，因为猎者众，麂子又不能人工饲养，这种曾经时常享用的美味，渐渐从土家民族的记忆深处淡去了。憾也哉？

土家人舌尖上的第二野味，就是"斑鸠炒黄豆"。每当稻谷黄熟的时节，一群又一群鸽子大小的斑鸠就会飞来啄食。有经验的土家猎人，根据斑鸠的新鲜粪便找到丛林中的栖息处，在白天用树枝搭一个窝棚，人悄悄地潜伏在里面。夜幕降临，一群又一群斑鸠飞到原树上歇息，用手电筒一照，斑鸠们全傻傻地愣在树枝上。"轰"，鸟铳响了，斑鸠像雨点一样落下来。拾回家，在散发着木柴香味的火塘边，哼着山歌小调拔其毛，挑出肉中细铁砂子，连肉带骨剁成肉末，用黄豆籽炒得

焦黄，就着自酿的苞谷烧，就着擂钵烧辣椒，啧啧，那美味，无以言说！

土家人舌尖上的第三野味，就是“祖司叶炖野生甲鱼”。曾几何时，土家山寨河水清浅，溪流纵横，缘溪而行，小脸盆大的野生甲鱼一个又一个在溪石上懒洋洋地睡太阳，人一走近，就一个猛子扎进溪水里。有摸鱼捉虾经验的土家人，把金包银饭焖在大铁锅里，就提着一根铁钩下溪水了。溪沟里，岩缝间，找到野生甲鱼淡且细的脚印，用铁钩子一钩，就钩出一只野生甲鱼来（运气不好时常钩出一条水蛇或黄鳝），闪电般抓住它的尾部，用手指一敲背甲，甲鱼头本能地缩进壳里，用拇指和食指捏住回家，放在大柴锅里煮半熟捞起，拆下甲鱼肉和裙边，丢掉内脏，用去腥的薄荷叶状的祖司叶和小柑子树叶爆炒，用泉水小火炖半个小时，一锅乳白色飘着绿祖司叶的野生甲鱼汤就美味天成了。啧啧，那美味，同样无以言说！只可惜随着农药与化肥的滥用，武陵山中的野生甲鱼像武陵山中的麂子一样稀少了。武陵土家人，你们应该给武陵山的麂子们和甲鱼们喘息的机会！

土家舌尖上的第四野味，就是“野生枞菌”了。农历九月，一场秋雨过后，前山后岭的枞树林中，一夜之间就像神话一般冒出巴掌大或扣子大的枞菌来。背起妈妈递过来的小背篓，拿上砍柴刀，唱着童谣，带着小狗狗，我们捡枞菌去！捡一背篓枞菌回到吊脚楼，择去杂草和泥沙，在街上称回两斤鲜猪肉（或杀一只土鸡），枞菌炒鲜肉，其美无比！留少许用冷泉水煮汤，其鲜无比！多余枞菌可晒干，用茶油或菜籽油炸干枞菌，便得无比珍香的“枞菌油”。吃白米饭时滴上几滴，无菜也吃精光光。吃面条时滴上几滴，满钵飘菌香。

第五节　五彩斑衣美武陵

土家服饰，是土家文化中最亮丽的风景线。在土家文化的百花园中，土家服饰，无疑是一朵奇葩！

武陵土家人从远古走来，土家人文初祖廪君时代的服饰已经无考，也许他们也像亚当与夏娃，只是用树叶遮羞，几乎裸身在森林中狩猎，在江河溪涧中捕鱼，不为美，为求一个温饱！

春秋战国，巴人出现一个重要分支——板楯蛮。所谓“板”，就是以虎皮为“衣板”；所谓“楯”，就是以虎皮为“盾”。这说明，那时的土家族先民，已经开始穿“虎皮衣”了。秦昭襄王征召土家族先民英雄廖仲竹楼射白虎，恐怕不仅仅是为秦除害，也有以白虎皮为衣为袍之用意呢！

秦灭巴国置巴郡后，巴人与汉人时而互市，时而战争，时而通婚，时而迁徙，在文明的融合与冲撞中，汉地先进的纺织技术与实用的纺织品如何传入土家族地区，文献与文物中也有所载。巴人一支“賨人”，就善织“賨布”纳贡，以谢皇恩浩荡！武陵蛮是后汉时土家先民的泛称，《后汉书·武陵蛮》称土人“好五色衣服”、“织绩木皮，染以草实”。这用草实染成的“五色衣服”，表明土家先民从虎皮板的兽衣进步到了纺织衣物，这是历史的跨越！

唐对土司辖地实行羁縻政策，土司王们乐得逍遥，每年给皇帝进贡点“溪布”，也就算缴纳“皇纲”了。“溪布”已是土家先民的主要衣料，在宋史上也有记载。《溪蛮丛笑》云：土人“绩五色线为之，色彩斑斓可观。俗用为被，或作衣裙，或作巾，故又称为溪布”。但“溪布”究竟是什么布呢？《永顺府志》卷十一载：“土民服五彩斑衣。”这种“五彩斑衣”，恐怕就是“溪布”所制。至少从颜色上看，“溪布”是“五彩”的，或者有虎豹一样的“斑纹”，那自然是相当美丽的！

自五代以降，八百余年土司统辖，土家人的服饰又是如何呢？翻开尘封的历史文献，我们会发现一种奇特的服饰文化：土家服饰男女

不分！清乾隆《永顺府志》记载："土司时，男女服饰不分，皆为一式，头裹刺花巾帕，衣裙尽绣花边。"换句话说，土司时期的土家服饰"不男不女"，头上都裹刺花的巾帕，身上的衣裙都绣了花边。清《来凤县志》记载得更为翔实："男女垂髻，短衣跣足，以花勒额，喜斑斓服色。"细言之，土司时期的土家服饰大致如此：上装无领，对襟，大袖，短衣，袖口刺绣四五寸宽花边，衣边用青、白、粉色绸缎镶边；下装为八幅罗裙，男裙稍短不过膝，女裙长过小腿，百褶围裙，外加披肩。至于头饰，无论男女都是"垂髻"，还用花带勒住额头，堪称一大人文奇观！

清雍正五年（1728 年）改土归流，是土家服饰文化发展史上的分水岭，何以言之？

改土归流让汉地"流民麇至"，土司王们大权旁落异地交流为次官，派往土司王辖地的汉人流官，作为中央政府的特命全权钦差大臣们，坚定不移地认为男女服饰不分是"陋习"，必须毫不动摇地"禁革"！有史为证：雍正八年，永顺知府袁城宠曾经发布严令："十九、保靖土人宜信剃头；二十、服饰宜分男女；二十一、公媳内外宜有分别。"

在不革"陋习"就要坐牢或杀头的地方政令下，土家男人们再也不"编发"了，也不"椎髻"了，而是剃成光头，用青头帕包成"人字形"。土家男人们再也不穿八幅罗裙了，而是改穿肥肥大大的"缅裆裤"！土家女人们裙装，已从八幅罗裙演变成筒裙和百褶裙了，衣装已从左开襟一种演变成右开襟、三股筋和银钩矮立领三种了。土家女人们头饰更加多元化，头插金花、银凤、别簪，阿妹头发二丈八，梳个盘龙插枝花；耳吊瓜子、灯笼、龙凤双环；佩戴项圈、手圈和金银戒指；胸挂银链、银铃、银牌、银珠子，银光闪闪，银声清亮，像花蝴蝶一样游荡在田野、山林、坪坝间，堪称又一大人文景观！

但历史毕竟是匆匆的过客，走进新时代的土家服饰，又呈现一种什么样的文化形态呢？

在湘西，在鄂西，在张家界，在黔江，从性别分，青年男人一般身着对襟上装，胸前布扣对排，俗称“蜈蚣扣”，衣袖小而长。腰缠绣花板带，悬挂绣花荷包。脚穿高帮青布面白底鞋，都是妹娃儿一针一线手工缝织而成，显得少有所爱！中年男人上穿对胸开襟衣，无衣领，腰缠白腰带，下穿肥大缅裆裤，足蹬双鼻天官头鞋，显得中有所归！老年男人上穿满襟衣服，向右开襟；腰缠青布腰带，斜插棒棒烟袋，上面吊有草烟烟盒，足蹬青布懒汉鞋，显得老有所养！

青年女子喜穿青、蓝、绿、红色斜襟外衣，上罩坎肩，内衬白色汗衣；裤脚绣五色梅花边，脚蹬绣花鞋，鞋口滚边，边挑绣狗牙花；鞋面绣五色花草和动物图案。出嫁时，则穿用青春岁月绣制的“露水衣”，美得让百鸟含羞，游鱼潜伏！中年妇女秋冬喜穿左开襟、矮领短袖的满襟衣；春夏喜穿白汗衣套青夹衣，民间俗称“喜鹊闹梅”。裤装多为白色裤腰青蓝布，足蹬青布制的立帮鞋。老年妇女喜穿青、蓝色矮领、大袖、滚花边、右开襟的满襟上衣，下穿白裤腰的青蓝色裤。从性别特征看，土家男女服饰已彻底分开了。这应该是文明的进化使然！

土家少女服饰
（钟以福摄）

特别有趣的是土家儿童服饰。刚满月的婴儿，土家父母多缝制“金瓜小帽”戴在头上，民俗认为婴儿初生，必须保护“气门”。一岁左右，春戴“紫金冠”，夏戴“冬瓜圈”，冬戴“虎头帽”。

这个“虎头帽”也十分有趣，左右两侧各有一耳，形似虎耳，两耳之间绣有一“王”字，彰显土家人白虎崇拜的遗俗。帽前檐，用银子打制“十八罗汉”或“福禄寿禧”，寓意菩萨保佑新生儿“福禄寿禧”，四大皆全。帽两侧或后尾部悬吊银铃，银铃清脆，童声清亮。颈脖处戴银项圈，圈系银链，链挂“同心锁”或“如意牌”，锁或牌刻“长命百岁”、“易养成人”，这是父母与家族对新生儿的美好祝愿！如是小姑娘，长到12岁就要穿耳孔。穿耳孔的日子一般选在农历二月的“花朝节”，这天穿耳孔有“花神”的保佑，小姑娘会长得貌美如花。如是穷人，买不起金银耳饰，就找来彩色线扎成小圈圈戴上，在耳边摆来摆去，别有一番情趣！

毋庸讳言，随着商品经济向武陵山区的高歌猛进，传统的土家族服饰日渐式微，土家民族服饰因手工制作复杂，工期漫长，成本高昂而萎缩进个别山寨作坊，而汉地时装因机器制作，成本低廉和款式多元而抢占区、县、市城镇市场。如今，只有节日会展之日，只有婚丧嫁娶之时，土家人才会拿出压在箱底的民族服装。而日常生活中，土家人基本都穿着汉族服装，土家男人的T恤、夹克、西装，装装汉式，西式；女人们衣装、裙装、裤装，装装时尚。也许，这是时代的进步；也许，这是土家文明的悲哀?!

土家族传统服饰虽然日渐式微，但土家织锦却日益兴旺。“西兰卡普”作为中国五大名锦之一，对土家族服饰文化的贡献之巨，让武陵山的土家人深以为傲！

“西兰卡普”是土家语的译音，意为“土花铺盖”。相传很久很久以前，酉水流域一座古老的土家山寨里，有一位天仙一样漂亮的土家姑娘“西兰”，心又灵，手又巧，能把天上的彩虹云霞，森林中的千禽百兽，山野中的百花千草织进她的花布里。她听寨里老人家讲，深山里有一种非常美丽的白果花，寅时开，卯时谢，美在一瞬间，为什么

西兰普卡中土家族的生活场景　（朱峰摄）

不把白果花也织进家织花布里呢？于是，每天半夜，西兰都偷跑到大山里的白果树下，看白果花静悄悄地开，听白果花静悄悄地落，向白果树诉说少女的心事。西兰有个狠心的嫂子，嫉妒西兰绝世的美丽，痛恨西兰无双的手艺，就在土司王面前搬弄是非，说西兰每天夜里跑到山里幽会野男人！土司王大怒，一天夜里，他鬼鬼祟祟地跟踪西兰进了深山，发现月夜下的白果树变成了一个高富帅的土家小伙子，自称“卡普”，正与西兰姑娘在虫鸣鸟呓中互诉衷肠。土司王怒从心中起，恶从胆边生，挥刀砍倒了亦神亦幻的白果树，伤心欲绝的西兰姑娘也跳下了山崖。后人为了纪念这个色艺双绝的西兰姑娘，就把这美艳无敌的织锦取名为“西兰卡普”！

西兰卡普用料是红、黄、蓝、黑、白、紫多色丝线、棉线和毛绒线，用古老得不可确考的腰机式织法制成。西兰卡普的图案，最为生动传神的是鸟兽图案：凤穿牡丹、野鹿衔花、老鼠娶亲、鸳鸯戏水、

双凤朝阳、鲤跃龙门……呼之欲出，栩栩如生。其次是鲜艳欲滴的花卉图案：虎头花、月季花、猴儿花、猫脚迹花、狗牙齿花、喇叭花、山茶花、杜鹃花、白果花……花花待放，花花溢香。然后是洋溢数学智慧的几何图案：方形、菱形、三角形、万字形、棋盘格、圆形、椭圆形、四边形……形形质感，线条流畅。随着武陵土家人走出大山，随着手机、照相机、摄像机在武陵山的普及，山外的世界很精彩，山里的世界很无奈！土家人视野更加开阔，胸怀更加博大。西兰卡普不仅描绘了土家人熟悉的历史，如土司五颗印，如四凤抬印，如彭翼南东征，如覃垕王射箭……而且开始涉及土家人的日常生活，如赶场，如婚嫁，如摆手舞，如上梁立屋，如薅草锣鼓……武陵风光入锦来，西兰卡普描摹的张家界风光、王村古镇、卯峒福地、湘西边城、洗车河景、清江江色……美轮美奂，美不胜收，是居家不可或缺的装饰品。特别值得一提的是，2011 年 9 月，贵州印江籍的土家族国务委员戴秉国访问美国国务卿希拉里，受外交部礼宾司所托，我挑选了一幅西兰卡普作为戴秉国国务委员的国礼。“西兰卡普”走出国门，飞越太平洋，成为中美外交的国礼，创造了土家织锦的历史！

各种各样的西兰普卡

（朱峰摄）

西兰卡普曾经辉煌：1958 年，中国工艺美术大师叶玉翠作品《开发山区》，有山，有水，有田，有牛，有拖拉机，气势恢宏，晋京受到毛泽东主席与周恩来总理的接见。2006 年，中国新一代工艺美术大师叶水云，在北京织锦表演时又受到温家宝总理的赞扬！

西兰卡普必将再创辉煌……